髙山敦
takayama atsushi

前科者経営者

ZENKA-MONO KEIEI-SHA

どん底からの逆転人生

プレジデント社

前科者経営者　どん底からの逆転人生

かつて私は過《あやま》ちを犯《おか》し、
塀《へい》の中で人としての
尊《そん》厳《げん》を捨てて生きた。

こんな所《ところ》に
私がいるのはなぜなんだろうと
思うと苦しかった。

受け入れて
進むしか道は
なかった。

五一歳《さい》で塀の外へ。
私が歩いた後に
道ができた。

だから伝えたい。
スタートが遅《おそ》いも早いもない、と。
あなたが決めた、
「ここに行く」と、
そのときが
スタートだ。

焦《あせ》らず、一歩でいい。
自分を信じて足を踏《ふ》み出してみる。

やってみないと、
あなたの答えは
わからない。

あなたはできる、
なれるんだ。

真の愛とは何かを教えてくれた、
わが美しき妻に、この本を捧げる。

はじめに

あなたは自分を信じていますか?

自分を信じることができない自分のことを
恥《は》じる必要はありません。
あなたが自分自身を信じられないことと、
あなたの精神性《せいしんせい》とは直接《ちょくせつ》の関係はありません。
あなたはただ〝人間の可能性《かのうせい》〟というものを、
知《し》らずに生きてきてしまった、ただ、それだけです。

今ここから、あなたの人生は変わってくるでしょう。

なぜなら、この本を読んで、
「人はいつからでも変われる」
という事実を、あなたは知ることになるからです。
望《のぞ》めば、みんな「なりたい自分」になれます。
それを証《あか》す人間が、この世《よ》の中にはたくさんいます。
たとえば、私、髙山敦《あつし》もその一人です。

＊

二〇〇五年一二月、私は「出資法違反《しゅっしほういはん》」で、逮捕《たいほ》されました。

四年と七か月、一七〇一日の獄中《ごくちゅう》生活を終《お》えて塀《へい》の外へ出たとき、
私は一万数千円しか持っていませんでした。
二七歳で起業《きぎょう》してから約二〇年、積《つ》みあげてきたもの、
すべてが消えてなくなっていました。

消えてなくならないのは、
迷惑《めいわく》をかけた人たちへの、申《もう》し訳《わけ》ない気持ちと、
自分は受け入れてもらえるのだろうか、という不安《ふあん》。

明るい展望《てんぼう》があったのではありません。
でも、私は生きていかなくてはなりませんでした。

生きているのは、
この命に使い道がある証《あかし》なのだとよく言われます。
もし、それが本当なのであれば、

自分の目の前に今、差《さ》し出されたそれが使命《しめい》だと覚悟《かくご》して。

「やるしかない！」
〝再犯《さいはん》をなくす〟ための取り組みをはじめました。
そこで出会った人たち。
前科者という荷《に》を背負《せお》い、明日に絶望《ぜつぼう》した服役経験者《ふくえきけいけんしゃ》が
〝本当の自分〟を取り戻《もど》す瞬間《しゅんかん》を
私はこの目で見て、気づいたのです。
人はみな〝自分の限界《げんかい》〟を超《こ》えていく力が備《そな》わっている、と。

私は断言《だんげん》できます。
人生は自分が決めたときからがスタート。
何度《なんど》でもリスタートできる。

人間なんて、まる裸《はだか》にされてしまえば、みんないっしょ。
特別《とくべつ》な人は一人もいない。
でも、みんな、すごいものを内《うち》に持っている。

そのことを、あなたに知ってもらいたくて、私はペンをとりました。
「なりたい自分」に近づいていこうと決めた、
あなたの〝今ここ〟を照らす光となることを信じて。

著者・髙山 敦

平成三〇年七月吉日

プロローグ

前科者が会社を立ち上げた

自分が蒔《ま》いた種《たね》はあとで必ず自分が刈《か》りとる

二一世紀《せいき》がはじまったころ、私は、新規事業《しんきじぎょう》を立ち上げるのに必要な資金《しきん》「一億円」を調達《ちょうたつ》するにはどうしたらよいのか、毎日、そのことで頭がいっぱいでした。

ＩＴ長者《ちょうじゃ》を夢見て、

「自分もあんなふうに成功して、金持ちになる」

と息巻《いきま》いていました。

そんな中、Ｔ氏という人物《じんぶつ》の勧《すす》めではじめたＦＸ（外国為替証拠金取引《がいこくかわせしょうこきんとりひき》）の営業。

それがまさかの「出資法違反《しゅっしほういはん》」でした。

違法《いほう》なことをしていると私が知ったのは逮捕状《たいほじょう》が出たときです。


ＦＸの営業を勧められたのは、ＦＸが日本に登場《とうじょう》して間もないころ。

そのような金融商品《きんゆうしょうひん》があるということ自体《じたい》、初耳《はつみみ》だった私は、

「これは正当《せいとう》な仕事だ」

「自分が預《あずか》り金《きん》を運用《うんよう》する」

と、勧めてくれた、Ｔ氏の言葉を鵜呑《うの》みにしてＦＸの預り金をすべて、彼に託《たく》しました。

ところがＴ氏は、ＦＸという名目《めいもく》で預かったお金を、ちゃんと運用していなかったのです。

「ある意味、あんたも、だまされていたんだな」
私の取り調《しら》べを担当していた警部補《けいぶほ》にそう言われました。

しかし、よくよく考えれば、
やはり原因《げんいん》は、私自身の中にあったのです。
法《ほう》に触《ふ》れないという確証《かくしょう》を、私は持っていなかった。
にもかかわらず、私は、
「自分で調べる」ということをおこたり、
営業をはじめてしまい、
結果的《けっかてき》に多くの人をキズつけることになってしまったのです。
「生涯《しょうがい》をかけて、つぐなわなければいけない」
そう強く思い、今を生きています。

刑務所《けいむしょ》に入った当初《とうしょ》は、

なんで自分がこんなところにいるのか、
なぜこうなってしまったのかと
つらくて、つらくてたまらない日々《ひび》。

それまで犯罪《はんざい》とは無縁《むえん》の生き方をしてきたはずなのに、
厳《きび》しい刑務所内での生活《せいかつ》に
自分は人間としてダメなんだ、
罪《つみ》を犯《おか》した自分はもう人として扱《あつか》ってはもらえないんだと
思わずにいられませんでした。

でも、面会《めんかい》に来てくれた娘《むすめ》の
「お父さん。五年は長いけど、大学に入ったと思って
勉強する気持ちでがんばって」
という言葉に励《はげ》まされ、

「そうだ。この時間を有効活用《ゆうこうかつよう》して
将来《しょうらい》のために考えなくては」
と刑務所《けいむしょ》の中であっても目的《もくてき》を持って生きることを決意《けつい》しました。

それに、私は一人ではない。
信じて待っていてくれる人がいる。
だいじょうぶ、あなたなら立ち直れると声をかけてくれた人がいる。
罪《つみ》をつぐなわなければいけない人がいる。
やらなければいけない、生きなければいけないと、
強く思いました。

かつての私は、
「自分のため」と思って自分がとる行動《こうどう》が、
結果的に「みんなのため」につながる――

それが、ビジネスでも、人生においても成功《せいこう》の秘訣《ひけつ》だと、
わかっていながら、焦《あせ》り、追《お》いつめられて、
「自分のため」だけになっていました。

私自身もだまされていたとはいえ、
それを引《ひ》き起《お》こしたのは
自分の中に〝種《たね》〟があったからです。

逮捕《たいほ》・服役《ふくえき》は、私の中にあった「自分のため」という
〝種〟が芽生《めば》え、成長した結果でした。

だから、次は、
みんなのためになる事業《じぎょう》を興《おこ》そうと
刑務所の中で決めました。

企業《きぎょう》として利益《りえき》を出し、
従業員《じゅうぎょういん》も、取引先《とりひきさき》も、お客さまも、そして自分も、
みんなが喜ぶ事業。

これこそが本当の自分のやることだと、
刑務所《けいむしょ》の中、自分を失《うしな》いそうになる中で、
はじめて自分を見つけることができました。

そうして出所《しゅっしょ》した後、
保護司《ほごし》の先生から
「再犯《さいはん》をなくすために、事業を興そう」
というお題《だい》をいただいたのです。

保護司の先生の思いと経験、
私自身の事業家としての経験と刑務所での経験、

過去の反省《はんせい》と社会への貢献《こうけん》の思いで
ひとつめの事業を
保護司の先生とともに立ち上げました。

二〇〇六年ノーベル平和賞《へいわしょう》を受賞した、
ムハマド・ユヌス博士《はかせ》が提唱《ていしょう》するビジネス手法《しゅほう》、
「ユヌス・ソーシャル・ビジネス」に基《もと》づいて
保護司の先生とはじめた、新たな挑戦《ちょうせん》。
再犯《さいはん》のない、安全《あんぜん》、安心《あんしん》な社会を実現すると同時に、
利益を出して自分も幸せで、お客さまも幸せで、
従業員、取引先、社会全体が幸せになる、
という、今までやったことのない企業活動《かつどう》を手探《てさぐ》りではじめ、
そして実現した、再犯者ゼロ。
一定の成功をおさめることができました。

次に依存症《いぞんしょう》からの社会復帰支援事業《しゃかいふっきしえんじぎょう》を立ち上げました。
こちらは結果《けっか》が出ないまま去ることになりましたが、
いま、また元受刑者の就労支援を目的とした
新しい事業を立ち上げようと奮闘《ふんとう》しています。

私自身、出所後、二度会社を追《お》われました。
前科《ぜんか》があることが関係しているのかどうかはわかりません。
でも、前科がある人間にとって出所して就《つ》ける仕事があること、
収入《しゅうにゅう》があること、
帰る家があること、
そして、待っていてくれる人がいること。
それがどれだけ大事か、
痛《いた》いほどよくわかります。

もちろん、罪《つみ》を犯《おか》した人間は悪い。
けれど、ふとしたはずみで、
事故に遭《あ》うように犯罪《はんざい》に巻き込まれた人も中にはいるのです。
もともとは善良《ぜんりょう》で、勉強や仕事もきちんとこなし、
まじめに生きてきた人が
たった一度の罪ですべてを失《うしな》ってしまう。

そうして、出所した後も元の生活を取り戻せないまま、
ダメになって再び刑務所に戻ってきてしまう姿を
たくさん見てきました。

「自分が蒔《ま》いた種《たね》はあとで必ず自分で刈《か》りとる」
先人《せんじん》たちが伝え残した〝法則〟は本物、ということを
私は身をもって理解したのです。

前科者経営者◆目次

第4章 自分を信じて一歩を踏み出したときからすべてははじまる

第5章 思いひとつで流れは変わる

エピローグ　人生、大逆転を起こすために

第1章

転落人生の

はじまり

焦《あせ》りからはじまった〝転落《てんらく》の人生〟

私は子どものころから、
自分の父親を反面教師《はんめんきょうし》として生きてきました。
自分より弱い立場の者に暴力《ぼうりょく》をふるうことは
絶対《ぜったい》にしてはいけない。
兄弟たちに少しでも、いい思いをさせてやりたい。
毎日パートに出て、自分たちを食べさせてくれている
おふくろに、早くラクをさせてやりたい。
だから、オレは成功して金持ちになるんだと、
私は心に決めていました。

商業高校を卒業後、私は税理士《ぜいりし》事務所に入り、

税理士の先生のもとで働きながら財務《ざいむ》、税法《ぜいほう》を覚《おぼ》え、二一歳のときには年収四〇〇万円。

当時、同級生たちの年収が二〇〇万円ほどでしたから、その倍の収入を、私は稼《かせ》いでいたわけです。

そして私は、その事務所の実質《じっしつ》ナンバーワンでした。

名実《めいじつ》ともにナンバーワンになりたい、
私はそう思って、税理士試験にチャレンジ。
三度試験に落ちた時点で、「自分の頭では合格できない」とわかった私は、税理士事務所を辞《や》め、
地元《じもと》・有力者のカバン持ち兼《けん》運転手を、
八か月ばかり、無報酬《むほうしゅう》で務《つと》めながら、
成功者の生きざまを学ばせてもらいました。

そして、二七歳で起業。


折《おり》しも、バブル景気《けいき》のまっただ中。

日本の各地で、開発業者《かいはつぎょうしゃ》たちの宅地《たくち》造成《ぞうせい》やリゾート開発、再開発事業《じぎょう》が活発に行われ、莫大《ばくだい》な金が動いていました。

開発業者たちの華《はな》やかな暮《く》らしぶりを見て、

「よし、決めた！」

と、私の事業家の道も、開発業者からはじまりました。


あのころ、私は「自分は何でもできる」と思っていました。


たとえば、こんなことがありました。

ある地方で市街化《しがいか》調整《ちょうせい》区域《くいき》に土地《とち》を所有《しょゆう》する知り合いから、

「この土地を売りに出して二年近くになるが買い手がつかない」

と相談《そうだん》されました。
土地の売値をたずねたところ、
「六〇〇〇万円です。手付金《てつけきん》は五〇〇〇万円でけっこうです」と。
私の腹《はら》は決まりました。
「その土地、私が買います」
自分がその土地の代金を支払う前に売れればいいんだと思ったのです。
当てはないのに「オレなら売れる」と直感《ちょっかん》しました。

この後、私はすぐに知り合いの弁護士などを訪《たず》ねてお金を借り、
手付金の支払いを済《す》ませ、その土地を手に入れました。
手に入れたまではいいけれど、それを売らないといけない。
「さて、どうしよう」
考えるともなく考えて、ふと思い浮かんだ顔がありました。
それは、地元では大金持ちとして知られ、

また、私がふだん使っているクリーニング店をチェーン展開《てんかい》する会社の社長さんの顔でした。

まずは、その土地がなぜ売れないのかを検討《けんとう》し、その資料に欠《か》けていた「メリット」を都市計画課《としけいかくか》に行って調査《ちょうさ》し、この土地を購入《こうにゅう》すると、将来的《しょうらいてき》にいかにプラスになるかというメリットを資料に加えました。

それから、その社長に会いに行きました。

でも、最初は土地の話は一切《いっさい》せず、世間話《せけんばなし》だけをして帰ってきました。

次の日も、その次の日も、私は社長のところに通《かよ》い、無報酬《むほうしゅう》で店の手伝いをしたりして、半月ほどたったころに、「社長、実は折《お》り入《い》ってご相談《そうだん》がありまして」

例の土地のことを、はじめて話しました。

このとき、社長は「自分では買わないけれど……」と、
ある人物を紹介《しょうかい》してくれました。
この人物が、元値《もとね》六五〇〇万円の土地を
九〇〇〇万円で買ってくれることになりました。
（その後、この土地の値段は一億円に上がりました）
私はもともとこの土地を所有していた人に未払い分の代金を支払い、
弁護士らに借りたお金に利益を乗せて返済《へんさい》し、
残ったお金を元手に、また新しい開発事業《かいはつじぎょう》に着手《ちゃくしゅ》しました。

私が手掛《てが》けた土地開発はどれもウマくいき、
同業者《どうぎょうしゃ》からは
「営業の天才だね」

と、言われるようになりました。
自分の才覚《さいかく》一本で成《な》り上がったとカン違《ちが》いした私は、事業を支えてくれている方々への感謝の気持ちを忘れ、わが世《よ》の春を謳歌《おうか》していました。

でも、カン違いは、いつまでも続きはしません。

バブル経済が終焉《しゅうえん》を迎《むか》えると同時に、土地開発事業は縮小《しゅくしょう》。
私の実入《みい》りはどんどん減《へ》る一方で、
焦《あせ》りが募《つの》るばかりでした。

そんなとき、知り合いから電話がかかってきました。
「韓国《かんこく》のIT技術者《ぎじゅつしゃ》が開発した、
会議用インターネット・カメラ・サーバーの代理店を

韓国のＪ社が募集《ぼしゅう》している。
その説明会が東京であるらしい」
私は説明会への参加を決めました。

そして、説明会に参加して話を聞いた私は、
販売《はんばい》代理店になるのではなくて、
「この技術を独占《どくせん》したい」と思ってしまった。
「自分のため・他人のため」のバランスが崩《くず》れた
この思いから、私の人生の歯車《はぐるま》は狂《くる》いだしたのでした。

「独占したい」という思いで目がくらむ

カメラ・サーバーの説明会が終わり、
次の質疑応答《しつぎおうとう》の時間が来るまで、しばし休憩《きゅうけい》タイム。
他の参加者と名刺《めいし》を交換《こうかん》して、
驚《おどろ》いたのは、私以外、参加者はみな、
大手《おおて》電気機器《でんきき き》メーカーの技術者だったことでした。
その技術者たちが、
「技術的には完璧《かんぺき》ではないけれど、
コスト面で、たいへん魅力的《みりょくてき》だ」
と、会場のあちらこちらで話している声が聞こえました。
そして、説明会を主催《しゅさい》したJ社との質疑応答。
技術者たちは盛《さか》んに質問を投げかける。

ＩＴド素人《しろうと》の私に、その内容《ないよう》は理解できませんでしたが、
その雰囲気《ふんいき》から「このカメラ・サーバーは、すごい」
ということを感じました。
そして、事業家のカンというのでしょうか。

〝金のにおい〟がしたのです。

だから、私は思いました。
「この技術を独占したい」と。
すると、そのとき、なんとも都合《つごう》よく、
Ｊ社から「日本独占販売権」の話が出てきたのです。
その権利《けんり》をほしがっていたのは、ウチと、もう一社ありました。

後になってわかったことですが、

カメラ・サーバーを開発した会社との間で、
日本独占販売権の契約は結ばれていませんでした。
そんなことなど、つゆほども知らない私は、
「このカメラ・サーバーの独占販売権が手に入ったら、
オレも〝ＩＴ長者《ちょうじゃ》〟だ」と、
想像をたくましくしていました。

そのころはＩＴ革命《かくめい》の時代。
時代の潮流《ちょうりゅう》にのって成功した〝ＩＴ長者〟が続々《ぞくぞく》と誕生《たんじょう》し、
世間《せけん》の注目《ちゅうもく》を集めていました。
私は〝ＩＴ長者〟がうらやましかった。
この商品の独占販売によって一発逆転《いっぱつぎゃくてん》だ！
そう思っていました。
不動産バブルがはじけて〝終わった人〟になりたくない！

絶対、なりたくなかった、だから……。

J社主催《しゅさい》の説明会のあったあの日以降《いこう》、
私は何度もJ社の社長と打ち合わせを行い、
そして、五回目か、六回目の打ち合わせのときに、やっと、
「一億円を出せば、カメラ・サーバーの独占販売権を取得できる」
というところまで、こぎつけました。

そのときの私は、もちろん、
一億円もの大金《たいきん》は持ち合わせていなかったけれど、
「県が推進《すいしん》しているベンチャー支援《しえん》事業の条件に
該当《がいとう》する事業所は一億の助成金《じょせいきん》が受けられる」
という話を聞いたのと、何より、

「これを独占《どくせん》してIT長者になるんだ」という〝思い〟が強く、他社にとられてなるものかと焦《あせ》った私は走り出してしまいました。

私は、まず、友人が紹介《しょうかい》してくれた、IT技術に詳《くわ》しい〝Kさん〟を訪《たず》ねてJ社から預《あず》かったサンプルを渡《わた》し、このカメラ・サーバーの検証《けんしょう》をお願いしました。

検証結果《けっか》を見て、私はますます

「独占せねば」

と強く思いました。

というのは、報告書《ほうこくしょ》にこう書いてあったからです。

技術的な改善箇所《かいぜんかしょ》がいくつかあるが、改良《かいりょう》すれば、

現在日本国内で販売されている類似《るいじ》商品の
一〇分の一の価格で提供《ていきょう》可能である、と。

私はこれを見てさっそく、
面識《めんしき》はなくても巷《ちまた》で「事業が成功して潤沢《じゅんたく》に資金《しきん》がある」と
言われている方を数名リストアップしました。
一億円の資金援助《えんじょ》をお願いするためにです。
早く一億円をなんとかしなくては、と私は焦っていました。
カメラ・サーバーの事業を運営《うんえい》する会社のトップは
ＩＴのスペシャリストを起用《きよう》しなくては、
成功はありえないと考えた私は、
サンプルを検証してくれたＫさんに、社長就任《しゅうにん》を依頼《いらい》していました。
そのＫさんに、私は約束をしてしまったのです。

一億円（独占販売権の費用《ひよう》）は年度末《ねんどまつ》までに全額支払《ぜんがくしはら》う、と。

独占販売権も取得できていないのに、

「一億円なんて、すぐ稼《かせ》げる」と安易《あんい》に考えていました。

目はついているはずなのに、

私は、ものが見えなくなっていました。

独占販売権を手に入れなくてはならぬ、という思いのせいで。

後悔《こうかい》先に立たず――相手の話を鵜呑《うの》みにした私

私がリストアップした「お金持ち」の中にT氏がいました。

知人《ちじん》から聞いた話によると、

T氏はFX（外国為替証拠金取引《がいこくかわせしょうこきんとりひき》）で大成功した、とのこと。

私は、知人から聞いたT氏の電話番号に電話をし、

とにかく会ってほしいとお願いをしました。

すると、なんと！

「翌日《よくじつ》、帝国《ていこく》ホテルで会いましょう」

と、T氏は言ってくれたのです。

T氏との面談《めんだん》当日。

私は、企画しているカメラ・サーバーの事業のこと、

日本独占販売権を一億円で取得できること、
現在、日本国内で販売されている、
会議用インターネット・カメラ・サーバーの
一〇分の一の価格で提供できること、などを説明し、
「魅力的《みりょくてき》な投資先《とうしさき》だと思います」
と、調子《ちょうし》のいいことを言って、
独占販売権の取得にかかる費用一億の資金援助《えんじょ》をお願いしました。

T氏はその場で了解《りょうかい》してくれたのです。

それからしばらくたった、ある日のこと。
都内の料亭《りょうてい》でT氏と会食《かいしょく》していたときのことです。
そのとき、T氏はおもむろにFXのパンフレットを取り出し、
説明をはじめました。

一口一〇〇万円の契約《けいやく》。
営業手数料は、契約金額の五％。
解約《かいやく》されない限《かぎ》り、あなたは毎月、
契約金の五％を〝手数料〟として受け取ることになる。

T氏の話を、私は黙《だま》って聞いていましたが、
実は、私はT氏が話していることが理解できませんでした。
そして、T氏が私に言ったこのセリフ、
「FXの営業手数料で一億円、稼《かせ》げばいい」を、
T氏が貸してくれた一億円をFXの営業手数料で返す、
ということだと、私は理解してしまいました。
前回の面談で「資金援助OK」と言ってくれていたからです。

会食の後、私は、二〇年ほど音信不通《おんしんふつう》となっていた、営業の神さま〝Iさん〟に、FXの営業に参加してもらおうと考え、二か月かけてIさんの居場所《いばしょ》を捜索《そうさく》。

再会したIさんに私は、FXの営業をいっしょにやろうと誘いをかけました。

でも、このときは断《ことわ》られてしまいました。

「自分がやっている仕事はFXとは何ら接点《せってん》がないし、外国為替のことがまったくわからないから」

というのが、その理由でした。

私はあきらめませんでした。

毎朝八時にIさんに電話をして、
その日のIさんの予定をたずね、いっしょに行動しました。
Iさんの仕事を手伝ったり、運転手をする中で気づいたのは、
お客さまのほうから「契約したい」と言われるということ。
「この商品・サービスを買ってください」
と、Iさんがお客さまにお願いするのではないのです。
お客さまはIさんの熱烈《ねつれつ》なファン、まるで信者《しんじゃ》でした。
お客さまはまるで信者ですが、
Iさん自身は、ふんぞりかえっていることはなく、
むしろ、お客さまの喜びをわが喜びとし、
休日、昼夜関係なく、動き回るのです。
Iさんが「営業の神さま」と呼ばれるのはココだと思いました。

そんなＩさんと、行動をともにするようになって三か月ほどたったころでした。
「ＦＸの話、もう一度、聞かせてもらえませんか？」と、Ｉさんのほうから言ってきてくれました。

私はうれしくて、天にものぼる気持ちでした。
一通り説明を終えると、
Ｉさんは「ＦＸの営業に参加します」と言ってくれたのです。
私はさっそくＴ氏にアポイントをとり、
Ｉさんといっしょにｔ氏に会いに行きました。
そして、ＦＸの営業専門チームを設《もう》けたことと、
その営業計画について、Ｔ氏に説明をしました。

このとき、Ｉさんは、Ｔ氏からＦＸの説明を受けたのですが、

やはりIさんもまったく理解できず、
ただ一つ、FXが正当《せいとう》な取引なのか、法に触《ふ》れないのかどうか、
その一点だけ、T氏に何度も何度も確認《かくにん》していました。

「本当にだいじょうぶなんですか？
私にウソはつかないでくださいよ」
と、Iさんに念《ねん》を押されるたびに、
T氏は「だいじょうぶ、何の問題もない」と答え、
さらに、自分は優秀《ゆうしゅう》なトレーダーで実績《じっせき》があること、
天皇《てんのう》のお姉さんと交流《こうりゅう》があり、
毎年、正月の三が日には新年の挨拶《あいさつ》に出かけ、
皇居《こうきょ》に招待《しょうたい》されたこともある、など自慢《じまん》げに話しながら、
そのときの写真を何十枚と見せてくれました。
お恥《は》ずかしい限《かぎ》りですが、

私はここでT氏の話を一〇〇％信じ込んでしまい、
ＦＸの営業をはじめてしまったのです。

この後もT氏とはいろいろなことがあり、
私は追いつめられていったのですが。

これ以上、お話しすることは控《ひか》えたいと思います。
T氏がどんな人物であれ、
私が過《あやま》ちを犯《おか》したということは事実です。
知らなかったとはいえ、
私が営業していたＦＸの取引は正当《せいとう》な取引ではなく、
私は、私にお金を預けてくれた人の心を、
踏みにじりキズつけてしまったのです。

そこから経験しなければならなかった刑務所生活がどんなものか、
決して行ってはいけないところだということを
伝えるために、私はこの本を書いたのです。

さらには、その後の人生で気づいた「人間の可能性《かのうせい》」。
人はだれでもやり直そうと決めたときから、
人生をやり直すことができるのだということを、
私自身の体験とともに伝えるためです。

反省はしますが、
過去をふりかえり愚痴《ぐち》るのではなく、
一度決めたら、未来に向かうのが、
私の生き方なのですから。

わが身をふりかえり見る——逆境を乗り越える一歩

忘れもしない、私が逮捕《たいほ》されたのは、
二〇〇五年一二月七日。
この日を境《さかい》に、私が見る景色《けしき》は一変《いっぺん》しました。

身柄《みがら》を拘留《こうりゅう》された警察署《けいさつしょ》の留置場《りゅうちじょう》は、
六畳《じょう》の部屋《へや》が三つと、その奥《おく》に少年用の部屋、女性用の部屋があり、
私は六畳の部屋に入れられました。
部屋といっても、鉄格子《てつごうし》に囲《かこ》われた牢屋《ろうや》です。
警察官たちは、すえた体臭《たいしゅう》が鼻をついて耐《た》えられないと、
窓を開けるので、冬場は外と同じぐらい寒かった。
さらに私は、私の弁護士以外、外の人と会うことも、

話すことも禁じられました。
最初の夜は、眠《ねむ》れませんでした。
とりかえしのつかないことをしてしまった
自分への怒《いか》り、自責《じせき》の念《ねん》。
カメラ・サーバーの事業そのものは順調《じゅんちょう》に進み、
某《ぼう》大手カメラメーカーとの契約成立目前《せいりつもくぜん》だっただけに、
関係者に対する申し訳ない気持ちと、
成し遂《と》げることができなかった悔《くや》しさ、悲しさがこみあげる。
そして、これからはじまる取り調べ、裁判《さいばん》のことを思うと、
言いようのない不安《ふあん》と絶望《ぜつぼう》に襲《おそ》われる。
さまざまな思い・感情《かんじょう》が交錯《こうさく》して私の心は乱《みだ》れに乱れ、
コントロールできませんでした。
私は、同じ部屋にいる人たちにさとられないよう、

頭から毛布《もうふ》をかぶり声を押し殺《ころ》して泣き、
夜明《よあ》けを迎《むか》えたのです。

でも――。

「こんなところにきたキミが悪い。
文句《もんく》があるなら、こんなところに来るな」
刑事《けいじ》にそのようなことを度々《たびたび》言われ、
その都度《つど》、まったくその通りだと思うと同時に、
私の中にある〝光〟はどんどん小さくなっていくのでした。

苦しみだけが自分が生きていることを証明してくれる。
そんな日々の中、ある日、同室《どうしつ》の老人《ろうじん》が突然《とつぜん》、
真夜中に大きな声をあげて悶《もだ》え、口から泡《あわ》を吹《ふ》いて倒《たお》れました。

「救急車《きゅうきゅうしゃ》を呼んでください」
と、私は警察官に頼《たの》んだのですが、
「低血糖《ていけっとう》の発作《ほっさ》だ、甘《あま》い飲み物を飲ませろ」と。
私はその指示に従《したが》い、甘い飲み物を飲ませました。
が、しかし、老人は意識不明《いしきふめい》のまま。
それでも、警察官らは、上からの指示が出るまで
手を差《さ》し伸《の》べることはおろか、近づくことさえしなかった。

ありえない光景《こうけい》を目《ま》の当《あ》たりにして私は、
犯罪者《はんざいしゃ》は人として扱ってはもらえないのだ、と痛感《つうかん》しました。
それと同時に、私はふりかえり考えたのです。
どうして、自分はこんなところに来てしまったのか。
今までどんなふうに自分は生きてきたのか、と。
起訴《きそ》の手続《てつづ》きに入るまでの約二か月間、

私は生まれてはじめて深く自分自身を見つめ直して、気づきました。
私は焦《あせ》って、他人《たにん》の話を鵜呑《うの》みにして
「なぜ?」と疑《うたが》う心を忘れ、確証《かくしょう》を得《え》ようとしなかった。
それは私の心のバランスが崩《くず》れ、
「自分のため」だけになってしまったからです。
ＩＴ長者《ちょうじゃ》の夢をかなえるつもりが、
いつのまにか「わが身の保全《ほぜん》」ばかりを考え、
金だ、金だ、金をなんとかしなくちゃと、金の亡者《もうじゃ》と化していた。

その経緯《けいい》を、私は取り調べ中にＡ４の用紙に書いて
取り調べ担当の警部補《けいぶほ》に渡《わた》します。
警部補はその用紙を見ながらパソコンに入力して供述調書《きょうじゅつちょうしょ》を作成《さくせい》。
作成した文書を警部補が読みあげ、

私が承認《しょうにん》、署名《しょめい》・押印《おういん》して、その調書は完成。

そんな作業《さぎょう》を毎日、朝から夜まで繰《く》り返《かえ》して約二か月が過《す》ぎたころ、最後の供述調書ができ、私は署名・押印しました。

それを警部補が読みあげるのを聞いていて、
私はあふれる涙《なみだ》を抑《おさ》えることができませんでした。

警部補の声も震《ふる》え、涙で声が途《と》切《ぎ》れ途切れになってきました。

自分の苦悩《くのう》をわかってくれる人はいない、そう思っていたのに。

警部補の涙に、私は驚《おどろ》きました。

そして、うれしくてさらにまた私は泣きました。

供述調書を読み終わった警部補は、

真《ま》っ赤《か》になった目で、私の目を見つめて言いました。
「がんばって。
あなたなら必ず立ち直れるからだいじょうぶ。がんばれ」
そっけないけれど、素直《すなお》な気持ちを
そのまま声にしたのが、私にはわかりました。

犯罪者である私を、一人の人間として認め、
私の心に寄《よ》り添《そ》い、励《はげ》ましてくれた人がいてくれる。
そのことが、どんなにうれしく、感謝《かんしゃ》したことか。

あの警部補がいてくれたおかげで、あのとき私は、
「がんばって生き抜いていこう」
と、自分の心に誓《ちか》うことができたのです。

第2章

人としての尊厳を

捨てた日

「自分が自分であること」は「ありがたいこと」

起訴《きそ》されると、すぐ刑務所《けいむしょ》に送られるのではなく、
その前に、「拘置所《こうちしょ》」に入ります。
ここで刑が確定《かくてい》するまで過《す》ごすのです。

移送《いそう》され、荷物検査《にもつけんさ》を受けた段階ですでに
私は心が折れそうになりました。
刑務官に肛門《こうもん》の穴《あな》を見せなくてはならなかったり、
自分の名前が書かれた板《いた》を持った姿で写真をとられたからです。

こんなところに来た自分が悪いことは承知《しょうち》しながらも、

わが心のかたすみに、かすかに残っていた
人間としての尊厳《そんげん》がこっぱみじんに砕《くだ》かれ、
私は自分が情《なさ》けなくてしかたがありませんでした。
ただ、後になって、こんなのはまだ序《じょ》の口《くち》だ、
ということが、わかるのですが。

刑務所では、人間扱いされない、ということを
聞いて知っていた私ですが、
いやいや、拘置所も、なかなかなところでした。

刑務官の、我々《われわれ》に接するときの態度《たいど》は、
非常に強い威《い》圧感《あつかん》を与える命令《めいれい》口《く》調《ちょう》で、
ここは昔の軍隊《ぐんたい》か？　と思うほどでした。
何より、つらかったのは、

カギのかかった独居房《どっきょぼう》の、三畳《じょう》というスペースで、
しゃべる相手もおらず、自分ひとりで
ひたすら畳《たたみ》の上に座《すわ》って時間が過ぎるのを待つ日々でした。

人は、人と人の間で生きるから「人間」なんだ、
と言いますが、確《たし》かにその通りで、
自分ひとりぼっちでは平常心《へいじょうしん》を保《たも》つことが難しい。
頭に浮かぶのは否定的《ひてい》なことばかりで気持ちが落ちてしまうのです。

では、複数の人間がいる雑居房《ざっきょぼう》なら平常心が保てるのかというと、
私の場合は、そういうわけにはいきませんでした。

私は二回目の公判《こうはん》終了後、雑居房に入ったのですが、
そこには、何人もの、つわものたちがいました。

本人たち曰《いわ》く
「ガキのころから警察沙汰《ざた》ばかり起こしてきた、札《ふだ》つきのワルだ」
ということでした。
そのうちの一人が、ある日、笑いながら私に近寄《ちかよ》ってきて、
「たいへんだね」と言いました。
彼が手に持っている新聞に載《の》っていたのは、
私が受けた裁判の様子《ようす》、
私が起こした事件の概要《がいよう》を伝える記事《きじ》。
周《まわ》りにいた囚人《しゅうじん》たちは、
「この人が！」
と罪状《ざいじょう》を知った瞬間、私を見る目が変わりました。
自称《じしょう》「札つきのワル」たちに、
「あんたが、あの事件を起こしたのか。

まさか、この部屋に、あの事件の有名人がいるなんて、
いやあ、ビックリだ」と言われました。

小学校から中学校まで、野球部のキャプテンを務《つと》め、
高校で入った吹奏楽部《すいそうがくぶ》では県代表になり、
社会に出てもずっと陽《ひ》のあたる場所にいた、このオレが、
自称「札つきのワル」たちに一目《いちもく》おかれているんだ、
オレは、もう普通の人間ではなく、ワルなんだ……、
そんなことを思っている自分がいるなんて、ショックでした。

それ以上にショックだったこと、それは――。

判決《はんけつ》が出たときに私は控訴《こうそ》せず、そのまま刑が確定《かくてい》。
そのときから私は、灰色《はいいろ》の囚人服《しゅうじんふく》に着替《きが》えさせられました。

それまで私が着ていた私物《しぶつ》の洋服は、
自分が自分であることを確認できる唯一《ゆいいつ》のものでした。
それを脱《ぬ》ぎ、囚人服を着た瞬間、私は私でなくなりました。
私は囚人になったのです。
刑務官も、囚人服を着た私を人として扱わなくなりました。
そのあまりもの変貌《へんぼう》ぶりに、
私は人がこわくなってしまいました。

第２章
人としての尊厳を捨てた日

娑婆《しゃば》の常識《じょうしき》は塀《へい》の中では非《ひ》常識《じょうしき》になる

二〇〇六年七月二八日。

私の刑務《けいむ》所暮《しょぐ》らしがはじまりました。


塀の中では、どんなことがあるのか、関心《かんしん》がある
という人も少なくないでしょう。

私も、いろんな人に、どうだったのか聞かれるのですが、

「行ってはいけないところ」

それが刑務所です。

服役経験者《ふくえきけいけんしゃ》の私は、おかげさまで
出所後《しゅっしょご》、社会の一員《いちいん》として認められ、受け入れられて

今、充実感《じゅうじつかん》を持って、日々を生きています。
他《ほか》にも、社会復帰《しゃかいふっき》を果《は》たした服役経験者は多数います。
刑務所に入ったら、もうおしまいではなくて、
出た後も、生きていかなくてはならないのです。
そこから、また新しくスタートできる。

ただ、やり直せるのだけれども、
私は刑務所で生きながら地獄《じごく》を見ました。
人が人でなくなってしまうのです。
それは、服役している人のみならず服役囚を監督《かんとく》する側《がわ》もです。
娑婆の常識も、地獄に行けば非常識になります。

私が刑務所に入った日、
最初に連《つ》れていかれたのは「新入《しんい》り調《しら》べ講堂《こうどう》」でした。

そこには大勢《おおぜい》の刑務官《けいむかん》がいて、
我々初犯《しょはん》の受刑者《じゅけいしゃ》に大きな声で何か怒鳴《どな》っていました。

次に、「新入り調べ室」に入れられ、また大きな声で、

「壁《かべ》の前に立て！」

「目を閉じろ！」

と、刑務官に怒鳴られる。

次の荷物《にもつ》検査でも、質問に対してハッキリ答えないと怒鳴られる。


「なんで、自分はこんなところに来てしまったんだろう」

今さら後悔《こうかい》したって、もう遅いことはわかっている。

なのに後悔している自分が嫌《いや》になる。

そんな、こちらの心情《しんじょう》など、刑務官が考えてくれるわけもなく、
さらに次の身体検査では全裸《ぜんら》にされ、

まずは「玉入れ検査《たまい》」というのを受けました。
「玉入れ検査」、通称《つうしょう》「玉検《たまけん》」とは、
男性のイチモツに異物《いぶつ》が入っていないかどうかを調べる検査です。
刑務官が手でつかみ、表も裏も入念《にゅうねん》に調べる、
情けないことこの上ない玉検の後は、
全裸のまま屈《かが》んで刑務官に肛門《こうもん》を見せる。
ぐずぐずしているとまた怒鳴られるから、
自分の心をマヒさせ何も感じないように努力《どりょく》するしかない。

そんな悪夢《あくむ》のような入所初日《にゅうしょしょにち》から、およそ一週間後、
他の刑務所の職業訓練《しょくぎょうくんれん》を受けに行く資格をとるために
私は「考査訓練《こうさ》」に参加したのですが……。

「お前らはダメな人間だから、ここにいるのだ！」

などと怒鳴られ、罵倒《ばとう》され、人間性《にんげんせい》を否定《ひてい》されながら、
軍隊《ぐんたい》でやるような歩行《ほこう》や整列《せいれつ》の練習を何度も繰《く》り返《かえ》すのです。
世間《せけん》で働《はたら》き盛《ざか》りと言われる年代《ねんだい》の私でさえ、つらかった。
高齢《こうれい》の受刑者にとっては、それがどんなにたいへんなことか、
わかりそうなものだと思うのですが。
でも、刑務官はそんなことは考慮《こうりょ》してくれません。
満足《まんぞく》に歩けない高齢の受刑者、
刑務官に罵倒されて萎縮《いしゅく》してしまった受刑者にも、
「指導《しどう》」という名のもと、集中攻撃《しゅうちゅうこうげき》を加える。

もちろん、いまとなっては、それも含《ふく》めての矯正《きょうせい》で、
だからこそ、刑務所は行くべきところではないと思うのですが。
また刑務官も仕事でそうしているだけで、違う場所であれば
ちゃんと人としてあたたかい側面《そくめん》を見せてくれる

ということがわかります。
でもそのときは、そんなことまで思いいたりません。
「同じ人間なのに、なぜ、ここまでひどいことをするんだろう」
私はそう思いました。
しかし、囚人《しゅうじん》の私が刑務官に意見することはゆるされません。
私は懲罰《ちょうばつ》の対象になることをおそれ、
見て見ぬふりをしている自分がみじめでならない。
でも――。
このままの自分では肉体的《にくたいてき》にも精神的《せいしんてき》にももたない、
自分が壊《こわ》れてしまうと感じました。

だから私はタフになろうと努力《どりょく》しました。

タフにならなくてはならないと私が思ったのは、ほかにも理由《りゆう》があります。

たとえば、こんなことがありました。

「いびきがうるさいから」「見た目が嫌《いや》」

そんな程度《ていど》のことで、気に入らない新入りを古参《こさん》の受刑者が追《お》い出すのです。

それも、追い出したい人に、ドアを蹴《け》って暴《あば》れさせ、

「この部屋《へや》から出してくれ」

と、刑務官を呼ぶように仕向《しむ》けるのです。

その受刑者は懲罰《ちょうばつ》の対象《たいしょう》となり、その部屋には戻らない。

また、ある部屋で複数の受刑者が、一人の受刑者に暴行《ぼうこう》を加えていた、という事件が起きたこともありました。
暴行された受刑者は何度か刑務官に
「その青あざはどうした？」
と、質問されたことがあるのですが、
本人は「同じ部屋の受刑者に殴《なぐ》られた」とは言えず、
他の受刑者の密告《みっこく》によって事件が発覚《はっかく》したのでした。

そして、塀《へい》の中の面々《めんめん》が話すことは、すべて信じることができない。
塀の中では相手が話す内容の裏をとることができないから、
自然、言いたい放題《ほうだい》になります。
気をつけないと、自分がだまされてしまうのです。

たとえば、考査《こうさ》訓練《くんれん》期間中、同じ雑居房《ざっきょぼう》だった、前科八犯《はっぱん》のお兄さんがこんな話をしてくれたことがあります。
以前、彼が刑務所を出た朝、
人の家に停《と》まっていた高級《こうきゅう》スポーツカーを見て、
「この車に乗って家に帰ろう」
そう思って、出所後三〇分もたたないうちに車を盗《ぬす》んだ、
と、彼は自慢《じまん》げに話すのです。
「こわくなかったの？
また捕《つか》まったらどうしようと思わなかったの？」と私が聞くと、
彼は「だいじょうぶ、絶対、捕まらない」と答えました。
でも、実際、彼は八回も捕まり刑務所に来ているのです。

とにかく、並《なみ》の神経《しんけい》ではもたない。
タフでなくては、生き抜いてここを出ることはできない。
しかも、私には、

こんなことになってしまって、本当はつらいはずなのに、
毎月差し入れと手紙をくれ、
文句《もんく》ひとつ言うどころか
励《はげ》ましてくれる妻が待っているのです。
彼女がいてくれる、待っていてくれる。
ガマンして、がんばって、一日も早くここを出ること。
そのためにも、強くなろう。
私はそう思いました。

自力だけではどうにもできない問題を乗り越えた瞬間

「早く帰りたいよ」

一日も早く。

「自由がほしいよ」

一日も早く。

「監視《かんし》のない生活」

一日も早く。

「一人で歩きたい　監視なしで」

一日も早く。

「自由に食べたい」

一日も早く。

刑務所《けいむしょ》に入って二度目の正月、
二〇〇八年一月一日に私が書いた詩《し》です。
塀《へい》の外へ出たい、という気持ちがそのまま表れた詩。
刑務所とはそういうところなんだ、
と、どうか理解してください。

だから私は、刑期満了《まんりょう》となる前の、二〇〇九年の夏か冬に
仮釈放《かりしゃくほう》を期待《きたい》せずにはいられませんでした。
それが私にとって、心の支えだった。
だから、私は、どんなことも耐え忍ぶことができました。
何を言われても、グッとこらえました。

このガマンは必ず「仮釈放」という形で報《むく》われると信じた、

いや、「すがった」と言ったほうが
より正しいのかもしれません。

しかし、それにしてもガマンというものは、長くは続かない。
限界《げんかい》を超えてしまいました。

というのは、刑務所には、生《お》い立《た》ちも経歴《けいれき》も、犯罪歴《はんざいれき》も違う、
ひとクセもふたクセもある、いろんな服役囚《ふくえきしゅう》がいる。
刑務官の中にも、服役囚の人間性を否定する人もいれば、
ちゃんと人格をもった存在として接してくれる人もいる。
いろんな人間が、閉《と》ざされた空間《くうかん》の中で
刑務所独特《どくとく》の規律《きりつ》を守って過《す》ごすのは非常なストレス。
自分を保《たも》つのが難しいのです。

限界に達したのは、二〇〇九年の春。

仮釈放に向けて仮面接《かりめんせつ》（略して仮面）を受けたあとのことでした。

私はどちらかというと、気が長いほうなのですが、
同じ雑居房の、六〇代元ホームレスの受刑者の
皮肉《ひにく》たっぷり、周囲の人々をキズつけたり
不愉快《ふゆかい》にさせる発言、傍若無人《ぼうじゃくぶじん》なふるまいに、
私はカンニン袋《ぶくろ》の緒《お》が切れてしまい、
「お前、出ていけ！」
と、怒りの声をあげてしまったのです。

声をあげた直後、非常ベルが鳴り、

「しまった、やってしまった」

と思ったのだけれど、時すでに遅し。

かけつけた警備隊《けいびたい》に私は連行《れんこう》されました。

取調室で、私は担当官に言われました。

「なぜ、あんな問題児にかかわったのだ。

刑務所で口論《こうろん》になれば損《そん》をするのは自分だと、

お前は知っているだろう」

言われなくたって百も承知《しょうち》、だから——。

私はしばらく顔をあげることができなかった。

その後、懲罰審査会《ちょうばつしんさかい》が開かれ、大方《おおかた》の予想通り、私の懲罰が決定。

私は独居房《どっきょぼう》に引っ越しとなり、

その年の夏か冬に仮釈放という期待は水の泡《あわ》となりました。

それどころか、二〇一一年二月の満期《まんき》を待っての出所になるかもしれない状況。

そんなとき、長雨《ながあめ》でジメジメした日が続いて、私がいる独居房の畳《たたみ》にカビが生えました。

それが――刑務所に入る前の私だったら、ガマンできたであろう出来事が――きっかけで、私は、ものごとすべてを否定的にとらえてしまい、落ち込んだり、不平不満《ふへいふまん》を言ったりしてしまう。

どんなに強くても、どんなに沈着《ちんちゃく》 冷静《れいせい》な人間でも、塀《へい》の中では、性格が変わってしまうのです。
弱虫で愚《おろ》か者で、見たくない自分の恥部《ちぶ》を見る。

それは、非常な苦しみをともないます。

それから逃《のが》れたい一心で、
私は「祈《いの》る」ということを覚えました。
神仏《しんぶつ》に手を合わせたことのない、この私が、です。

「神さま、お願いです。
早く人間らしい考えが持てる環境《かんきょう》に私を戻してください。
どうかお願いです、神さま」
何度、そのような祈りをささげたでしょう。

それからしばらくして、私は、
五木寛之《いつきひろゆき》氏が書いた『親鸞《しんらん》』（講談社《こうだんしゃ》）という本を読みました。

この小説の中にあった、
「わがはからいにあらず」という言葉が印象的《いんしょうてき》でした。

「わがはからいにあらず」とは、
人智《じんち》を超えた〝他力《たりき》〟という力が働いて、
自分は今ここにいて、しかし、自《おの》ずと必ずなるようになる、
という、親鸞の教えなのだそうです。

本を読み終えた後も、
この「わがはからいにあらず」という言葉が、
頭の奥のほうで、ずっと響《ひび》いていました。

この本を読む直前まで、
「自分がなんとかしなくては」と焦《あせ》っていた私、

「自分が」「自分が」の、「我」が強かった私が、
「わがはからいにあらず」
〝他力〟というものが存在し、かつ、
人は〝他力〟に見捨《みす》てられることがないことを知った瞬間《しゅんかん》、
不思議な安心感に包《つつ》まれました。
「自分が」「自分が」と、何かにとらわれ、
こだわって、何かをぎゅっとつかんでいた、その手が、
ふわぁっと脱力《だつりょく》して楽《らく》になっていきました。

満期での出所か、それとも当初の予定より遅れるが、
刑期を終える手前で仮釈放になるのかは、わからない。
それは、わがはからいにあらず。

ただ、私にも一つだけわかることがありました。

それは、時は過ぎる、ということです。
私がどんな思いで日々を過ごしていようが、
塀《へい》の外に出る日は必ず来る。

そうやって、ものがあきらかに見えたとたん、
自分が生きている今を受け入れよう、
今ここから一歩一歩、自分の道を進んでいこう、
そう思えた自分がいたのです。

第3章

迷いのトンネルを

抜け出せた日

「みんなのため」になることに自分の能力を使う

五木寛之《いつきひろゆき》氏の『親鸞《しんらん》』を読んだとき、もう一つ、私の心に残ったのは、悩《なや》み多き人間〝親鸞〟の生き方でした。

修行《しゅぎょう》を積《つ》んでも自分は煩悩《ぼんのう》を克服《こくふく》することはできないと悟《さと》った親鸞は、修行していた比叡山《ひえいざん》をおりて法然《ほうねん》という人に弟子《でし》入りします。

親鸞たちが生きていた時代、人間は階級《かいきゅう》によって分類《ぶんるい》されており、

一般庶民《いっぱんしょみん》は、住む場所から職業から、
あらゆる面で制限《せいげん》、差別《さべつ》を受けていました。

親鸞は、師匠《ししょう》の法然とともに、
人は仏《ほとけ》の前ではみな平等《びょうどう》、
信心《しんじん》して念仏《ねんぶつ》を唱《とな》えれば極楽浄土《ごくらくじょうど》に行けると説《と》き、
「自分たちは罪多《つみおお》き者《もの》、死んだら地獄《じごく》に行く身だ」と、
あきらめていた一般庶民を
心の闇《やみ》から救う活動をしていました。

ところが、あるとき、
その活動をこころよく思わない人々から、
非難《ひなん》の声があがり、法然は四国に、
親鸞は越後《えちご》（新潟県《にいがたけん》）に流罪《るざい》となります。

都《みやこ》から遠く離れても、どこにいても親鸞は、
目の前の人を、自分と同じ人間とみなして接していました。
相手が、食べるために魚などを殺生《せっしょう》するなど
戒律《かいりつ》に反《はん》した生活を送り、
文字も読めない、お布施《ふせ》などの善行《ぜんぎょう》もできない人でも、
一般庶民よりさらに一段、低く見られていた人でも、
「人」と認めてもらえないアウトローであっても、
みな平等なんだと。

社会の底辺《ていへん》で生きる人々と交《まじ》わりながら、
信心《しんじん》して念仏《ねんぶつ》すれば極楽浄土《ごくらくじょうど》に行ける、と。
しかし、盗《ぬす》みなど犯罪を犯《おか》してはならない、と。
幸せな生き方を教えた親鸞。

我利我利《がりがり》と生きてきた私は驚きました。

こんな生き方があったのか！　と。

人のため、それも社会の底辺にいる人たちを救わんと、
大志《たいし》を抱《いだ》いて生きる親鸞の姿は、私にとって、
人間の理想像でもありました。

私は何もすることがないときは、
自分の命の使い道について考えるようになっていました。
もし、自分の命が〝他力《たりき》〟という、
人智《じんち》を超えた存在に与えられたものだとしたら、
何かの意図《いと》があって、命を与えてくれたのだろう。
どんな目的があって、私を生かしているのだろうか、と。

考えても考えても、

答えは見つかりませんでした。
私は答えを求めて、可能な限りいろいろな本を読みあさりました。
そうしているうちに、一つだけ、わかったことがありました。

それは、自分が何者であるか、ということです。

そのころ、意味のある偶然《ぐうぜん》なのかどうかわかりませんが、
一冊の本と出合いました。
『新・プラットフォーム思考《しこう》』（朝日新聞出版）です。
この本で「おサイフケータイ」が普及《ふきゅう》した
いきさつを私は知りました。

NTTドコモ「おサイフケータイ」普及の立役者《たてやくしゃ》、
平野《ひらの》敦士《あつし》カール氏は

「おサイフケータイ」を普及させるにあたり、
この事業は社会全体をよくして利益《りえき》も生む、
たいへん意義《いぎ》のある事業であることを、
業界の垣根《かきね》を超えて伝え、
ａｕやソフトバンクなど
同業他社をも巻き込み、
多くの企業とアライアンス（提携《ていけい》）を組んでいった、と。

「おサイフケータイ」普及の取り組みを
ながめながら、私は、
ＣＳＲ——つまり、企業の社会的責任《せきにん》、
あるいは社会貢献《こうけん》——というものをベースに
ビジネスをやっていかないといけない時代なんだな、
と考えるようになりました。

そして、ある日、私はふと気がついたのです。

CSRという観点《かんてん》から、どんな事業ができるだろうか、
企業として利益を出して従業員も幸せになり、
取引先も幸せで、お客さまも喜んで、
自分も心から喜べる事業はなんだろう。
そんなことを考えてワクワクしている自分がいる、ということに。

みんなのためになる事業を興《おこ》そうと、
考えるだけでワクワクして、
みんなが喜ぶ顔を思い浮かべてはうれしくなる自分。

これが本当の自分だと思いました。

そして、念願《ねんがん》の仮釈放へ……

忘れもしない。
二〇一〇年六月二一日、
逮捕されてから一六五七日目のことでした。

この日、私は、仮釈放に向けて本面接《ほんめんせつ》（略して本面）を受けました。

本面の前には仮面《かりめん》を受けるのですが、
私が仮面を受けたのは前年の一月二六日。
それから本面を受けるまで、一年半もかかったのは、
懲罰《ちょうばつ》を受けたためでした。

順調《じゅんちょう》に進めば、仮釈放の半年前に仮面、
その後、本面が行われ、
本面からふた月前後で仮釈放となるのですが、
私の場合は、懲罰を受けたことで、いったん、
仮釈放が白紙《はくし》に戻り、
仮面を受けてから一年半もたって、
本面を行うと知らされました。

そのときは感無量《かんむりょう》。
思わずガッツポーズをしてしまいました。

そして、本面を受けた私は、
二〇一〇年八月四日に仮釈放となりました。
満期であれば二〇一一年の二月に出所となるところ、

半年も早く塀《へい》の外へ出ることができる。
私は心の中で手を合わせました。

親切《しんせつ》にしてくれた刑務官《けいむかん》、同じ釜《かま》の飯《めし》を食った受刑者《じゅけいしゃ》、
手紙をくれたり面会に来てくれた娘、
いろんな人々に感謝しました。

そして、誰《だれ》よりも私を信じ、
毎月のように手紙をくれ、戻る日を心待《こころま》ちにしている妻。
私の引受人《ひきうけにん》として、いろいろな手続きや
保護司《ほごし》の先生と私の出所後のことについても、
話し合ってくれていたそうです。
「お前の引受人はお前のことをしっかり考えている。
引受人に感謝しなさい」

担当官からもそう言われました。
妻の存在があったからこそ、
刑務所での日々を乗り切ることができた。
ただ、ただ感謝しかありません。

仮釈放の前日、
私はうれしさのあまり眠れませんでした。
こんな体験を最後にしたのは、いつだったかな。
早く明日が来ないかな、なんて、この私が思うとは。
でも、これから私は、さらにもっと、
人間らしさを取り戻していくのだろう。
そう思うと、ますます興奮《こうふん》、眠れそうもない……。

そんな夜が明けて迎《むか》えた、仮釈放当日の朝。

私は朝八時から仮釈式《かりしゃくしき》に参加。
「これからは社会人として
責任《せきにん》ある行動をしなくてはならないのだ。
自分を信じてくれた人の気持ちを踏《ふ》みにじり、迷惑《めいわく》をかけた、
そのことは忘れてはならない。
被害者《ひがいしゃ》にはつぐないをしていかなくてはならない」
と、身の引き締《し》まる思い、でも――。

もう自分は監視《かんし》されることなく、自由に歩けるし、
家族、友人たちとも話ができる。
と、思わずにはいられない私もいて、
何とも言えない解放感《かいほうかん》を味《あじ》わうのでした。

仮釈式が終わると、私は売店《ばいてん》に向かい、

コカ・コーラを買いました。
あのとき、コカ・コーラを手にしたときの気持ち。
これは体験《たいけん》した者にしかわからないでしょう。
自由にほしいものを買い、好きに飲むことができるということ。
炭酸《たんさん》の泡《あわ》が胃《い》にしみました。

そして私は、迎《むか》えにきてくれた娘《むすめ》とともに
建物《たてもの》の外に出ました。
外の光は、目に刺《さ》さるほど、まばゆい。
目の前に広がる世界はたくさんの色に彩《いろど》られていました。

私は後ろをふりかえり、建物に向かって深く一礼《いちれい》をすると、
自分の心に誓《ちか》いました。
もう二度と、ここには戻らない、と。

実力以上の〝ちから〟が集まる「利他《りた》」

出所《しゅっしょ》したその晩《ばん》は、
私のいちばんの理解者《りかいしゃ》であり、支援者《しえんしゃ》でもある
妻と、寿司屋《すしや》で食事をしました。
大好物であったにもかかわらず、
約五年ぶりに食べるお寿司は、
正直に言うと、味がよくわかりませんでした。

出所から二日目、
妻とお寿司を食べた
翌日《よくじつ》のことでした。

私は保護司《ほごし》の先生に会いに行きました。
先生とお会いするのは二回目のこの日、
「これから、何をしたいの？」と先生に質問されて、
私はこのように答えました。

「自分は二七歳で起業《きぎょう》してから、いろんな事業《じぎょう》をしてきました。
これからはＣＳＲをベースにしたビジネスをしたいです」と。

すると先生は、「今、あなたが言ったことを文書《ぶんしょ》にまとめて、
一週間後に提出《ていしゅつ》してください」と言いました。
そして、先生はコンサルティングの仕事を紹介してくれました。
「一二月まで」の短期《たんき》の仕事ですが、
全国展開するための戦略立案というもので、
企画が好きな私にとってうれしいプレゼントでした。

紹介いただいた仕事に励《はげ》む一方、
ＣＳＲをベースにした起業への思いを強めた私は、
それからいく日かあとに妻に言いました。
「今日から一年間で芽《め》が出なかったら、別《わか》れよう」と。
つまり、一年たっても、ＣＳＲをベースにした
ビジネスを立ち上げられなかったら別れよう、と。

私は本当に別れるつもりで、
そんなことを言ったのではありませんでした。
逆に私は「できる」と思って、
妻にコミットした、誓ったのです。

「あなたは有言実行《ゆうげんじっこう》の人だからね」
そう言ってニコニコ笑っていた、妻。

こんな私でも信じて、待ってくれていた、妻。
そんな彼女を見ていて、私は、
この人を、幸せにしなくてはいけないと、
心の中で誓ったのでありますが……。

まさか、この後、自分に
新しいビジネスにチャレンジするチャンスを
与えてくれる人が現《あらわ》れるとは、
このとき、私の中には、想像のカケラもありませんでした。

＊

出所から二週間後に紹介先で働きはじめ、
そして一二月になって契約が切れたときのことです。

保護司の先生が突然《とつぜん》、私にこう言いました。
「再犯《さいはん》をなくすために社会起業したい」と。

先生の話によると、
少年院から出てきた若者《わかもの》、あるいは無期刑《むきけい》の方、
その他、いろんな服役経験者《ふくえきけいけんしゃ》に仕事を紹介しているのだけれども、
長続きしなくて、やめてしまうのだというのです。
本人には働く意志《いし》があり、職場で優秀《ゆうしゅう》と認められても、
隠《かく》していた服役経験が、第三者を通じてバレると、
職場にいづらくなり、やめてしまう。
だから、安心して働ける場所を提供《ていきょう》できるようにしたい、
とのことでした。

その後も何度か先生と会ったのですが、

先生は会うたびに私に言いました。
再犯をなくすために社会起業したいと。
就労支援《しゅうろうしえん》、教育《きょういく》、住《す》まい、
この三位一体《さんみいったい》で
再犯のない社会を実現したいと。

私も自分の服役経験を踏《ふ》まえて、
意見を出すようになりました。
教育は、実際の職場で活かせる職業能力《しょくぎょうのうりょく》を
身に付けられるものであったほうがいいし、
社会の一員としての自覚《じかく》を持ち責任ある行動ができるよう、
学び直しができる場が必要だろう、と。

「それを、助成金《じょせいきん》をもらってやるのではなく、企業活動《きぎょうかつどう》としてやりたい」
先生はそう言うので、
何をして利益を出すのか先生にたずねたところ、
スクラップ業だ、と。

でも、私も先生もスクラップ業に携《たずさ》わったことがなく、
何をどうしてよいのかわからない。
スクラップ業の勉強が必要でした。
しかし、教えてくれる人は、私たちの周囲《しゅうい》に見当《みあ》たりません。

こういうとき私は、自分が生まれ育った、
ふるさとの人脈《じんみゃく》を頼《たよ》るのが習《なら》い性《しょう》になっています。
ただ、二月一六日に刑期《けいき》満了《まんりょう》を迎《むか》えるまで、
私の活動は制限されていました。

だから私は、三月に入ってから動こうと考えていました。
三月に、ふるさとに帰ったついでに、
地元《じもと》のスクラップ業者をたずねて勉強をしてこよう、と。

これから出所してくる人たちのために。
みんなが安心して暮《く》らせるために。
そして、企業活動として行う以上、
従業員や取引先に、この仕事ができてよかったと、
思ってもらいたい。
そのためにスクラップ業を一通り、勉強したい、と。

そして三月が来て、私はわがふるさとへ旅立ち、
アポなしで朝の八時、スクラップ業者をたずね、
そこの社長さんに、何をどうすればいいのか教えを請《こ》いました。

自分が服役経験者《ふくえきけいけんしゃ》であること、
スクラップ業で利益を出し、
服役経験者に就職から教育、住まいの支援をして、
再犯《さいはん》のない社会を実現したい、ということ、
でも、スクラップ業について、教えてくれる人がいないこと、
そして、この事業にかける自分の熱い思い。
すべてを社長さんに話したうえで、
「お願いします」
と、私は頭をさげました。

「まあまあ」
社長さんはそう言いながら私の肩《かた》を軽くたたいて、
作業場に入れてくれました。
そうです、社長さんはＯＫしてくれたのです。

「社長、ありがとうございます！」

私はその日から三日間、
朝八時から夕方の五時まで作業を手伝いながら、
スクラップ業というのは、
不要《ふよう》になった業務用のエアコンや給湯器《きゅうとうき》、
鉄《てつ》・非鉄《ひてつ》・ピカ線《せん》などの産業廃棄物《さんぎょうはいきぶつ》を買い取り、
必要に応じて、解体《かいたい》するなどの中間処理《ちゅうかんしょり》をし、
リサイクルできる資源を仕分《しわ》けて、売却《ばいきゃく》する、
ということを勉強させてもらって、ある夜……。

実家でゴロゴロしていたとき、
不思議なことが起きました。
夜中に突然、「一〇〇%」がおりてきたのです。

共感《きょうかん》されてこそ、うまくいく

三日間スクラップ業の勉強をさせてもらい、
業界のことも調べた私は、
久しぶりに実家で過《す》ごしながら、
何をどうしたらこの事業は成功するのだろうか、
と漠然《ばくぜん》と考えていました。

服役経験者の大半《たいはん》は、
二度と刑務所に入りたくないと思っているのに、
再犯率が高水準《こうすいじゅん》で推移《すいい》している。
この社会問題を解決するためのこの事業が、
この先、ずっと成功し続けるには、

どうしたらいいのだろうか、と。

ビジネスの世界は
自分さえ儲《もう》かれば相手を蹴落《けお》としたっていいんだ、
勝ち負けの世界なのだと思われがちですが、
そういった考えからはじめた事業、起業に、
一体、誰が共感《きょうかん》・賛同《さんどう》して力を貸してくれる
と言うのでしょうか。
「おサイフケータイ」の事例にもあるように、
ビジネスの世界は共存共栄《きょうぞんきょうえい》なのです。

そうであるならば、
この事業はどうやって進めていくべきなんだろう、
と、私は実家の一室《いっしつ》で考えていました。

そうしたとき、夜中の二時ごろ、頭に浮かんだのです。
「一〇%」が。

私は「これだ！」と直感《ちょっかん》しました。

たとえば、Aという企業から出る産業《さんぎょう》廃棄物《はいきぶつ》が一〇〇あるとしたら、
それをウチで全部というのではなくて、一割だけ、
つまり一〇%買い取るのです。

そうやって、複数の企業から一〇%ずつ買い取るようにする。
既存《きぞん》のスクラップ業者からしたら、
新しく割り込んできた業者に仕事を

全部とられることはなく、
共存《きょうぞん》していける。
ウチとしては、服役経験者に働く場所を提供《ていきょう》できるし、
回収《かいしゅう》、買い取り、中間処理《ちゅうかんしょり》などで利益を出せる。
協賛《きょうさん》してくれる企業は、社会が期待する
社会貢献《こうけん》、社会的な責任を果たすことができる。
ウチにもよく、協賛企業側にもよく、
既存スクラップ業者にとってもよい。
「三方よし」の事業が可能になって――。

私は起きあがって机《つくえ》に向かいました。
ペンを握《にぎ》った私の手はレポート用紙《ようし》に文字を書き連ね、
夜明《よあ》け前の四時ごろには
「事業計画書《じぎょうけいかくしょ》」の素案《そあん》のようなものができていました。

「よし、これで行こう」

私はふるさとを後にし、
妻が待つ家に戻りました。
そして私は事業内容《じぎょうないよう》をプレゼンしました。
身近《みぢか》な人間の共感《きょうかん》を得《え》られずして
第三者の共感を得られようか、
そんな思いもあって話を聞いてもらったのです。

今、御社《おんしゃ》がスクラップ業者に出している
産業廃棄物の一〇％だけで結構《けっこう》です、
ウチに買い取らせてください。
六〇〇社に協賛を呼びかけたいと思います。

ここで一つ、重要なポイントがあります。
大企業《きぎょう》一社の一〇%は、
中小企業一〇〇社からもらうのに相当する。
また、大企業とアライアンスを組むことによって、
ウチのブランディングができる。
あの一流企業とアライアンスを組んでいる事業所だから、
ということで、
中小企業の賛同を得られやすくなります。

大企業にとっては、
「社会的責任をどう果《は》たすか」
「社会貢献《こうけん》としての就労支援《しゅうろうしえん》をどうするか」
ということが大きなテーマになっているのですが、
上場《じょうじょう》企業の就労規則《きそく》を見ると、

前科《ぜんか》を持っている者《もの》の雇用《こよう》はできないとさだめられている企業もあります。
そのときに、「産業廃棄物《さんぎょうはいきぶつ》を買い取らせてもらうことによって間接的《かんせつてき》な就労支援が可能ですよ」ということであれば、その企業のCSRにおいても、
ウチの、この事業はお役に立てるのです。

という具合《ぐあい》に妻にプレゼンをしたら、
協賛企業を募《つの》るときに、
相手が、パッとひと目見て、就労支援の仕組《しく》みと「人、モノ、お金」の流れがつかめたほうがいいだろう、
ということで、私が手書きで作ったビジネススキームを妻がパソコンで作り直してくれました。

また、一〇%の産業廃棄物を出してくれる協賛企業を募るわれわれの活動が、相手にわかりやすく印象《いんしょう》に残るような、名前をつけたほうがよいのではないか、ということで、「就労支援一〇%運動」と銘打《めいう》って、協賛企業募集の活動を行うことにしました。

同時に、私は出資《しゅっし》のお願いに奔走《ほんそう》。


さらに、この事業は、日本国内初となる「ユヌス・ソーシャル・ビジネス・カンパニー」第一号の認定を、ソーシャル・ビジネス研究センターの岡田昌治教授から受け、二〇一二年、株式会社ヒューマンハーバーが設立されたのです。

〝ユヌス・ソーシャル・ビジネス・カンパニー〟とは、二〇〇六年ノーベル平和賞を受賞したムハマド・ユヌス氏が提唱《ていしょう》する七原則を順守《じゅんしゅ》し、事業展開《てんかい》をしている企業にだけ与えられるものです。

ヒューマンハーバー設立から三年後、
同社が支援した服役者《ふくえきしゃ》の再犯率《りつ》はゼロ、
事業はある一定の成功をおさめました。

そして私は、新しい夢に向かって、
再び、旅立ちました。

第4章

自分を信じて一歩を踏み出した

ときから
すべては
はじまる

「わかる」と「かわる」

最近では、
大学をはじめ、起業《きぎょう》した人や起業家を志《こころざ》す人の集まり、「社会起業」や「CSR（企業の社会的責任）」をテーマとする場などで講演《こうえん》をさせていただく機会《きかい》も多くなってきました。

それは、出所後《しゅっしょご》、当時、私の保護司《ほごし》だった副島勲《そえじまいさお》先生（現株式会社ヒューマンハーバー社長）とともにはじめた〝挑戦《ちょうせん》〟が、ある一定の成功をおさめたと評価されたからなのでしょう。

一七〇一日、私が塀《へい》の中で過《す》ごしながら学んだことや、考えたこと。
二七歳で起業してから、

四六歳で逮捕《たいほ》されるまでの間に積み重ねてきた
事業家としての経験（失敗も含め）。
すべてを活《い》かす機会をくれた副島先生に、あらためて、
この場をおかりして感謝いたします。

私の講演は、難しい理論を説明するものではありません。

なぜなら、ほとんどの人はすでに「知っている」からです。
他人《ひと》に説明されるまでもないのです。

本書読者のみなさんも、ふだんから、いろんな本を読んだり、
各種セミナー・勉強会に参加しているのではないでしょうか。
オンライン・セミナーであるとか、
知識《ちしき》を提供する場は、ごまんとあって、

ほとんどの人はすでに知識は十分に持っているのです。

「知《ち》行合一《こうごういつ》」

本書のみなさんも、この言葉はご存《ぞん》じかもしれません。
中国・明《みん》の時代の思想家《しそうか》、王陽明《おうようめい》が提唱《ていしょう》した言葉で、幕末《ばくまつ》の志士《しし》たちの精神的支柱《しちゅう》となった吉田松陰《よしだしょういん》が主宰《しゅさい》した「松下村塾《しょうかそんじゅく》」にかかげられた掛《か》け軸《じく》に書いてあったのが、この「知行合一」という言葉だった、と言われています。

「知行合一」とは、別の言い方をすると、
何かを知るということは行動のはじまりであって、
行動をともなわない知識は未完成《みかんせい》である、ということです。
〝いいこと〟を知ったら、それを実践《じっせん》する、ということです。

だから私は言うのです。
人生はシンプル。
「わかる」と「かわる」。

〝いいこと〟を知ったら実践して、
その結果を見て改良点を探し出して、「わかる」。
そして改善、実践する。

仕事はもちろんのこと、人生も、これの繰《く》り返しです。
「わかる」と「かわる」、
これの繰り返しが成功のコツなんです。

庄屋《しょうや》の娘の話――決めるのは相手

講演をしている方は、どなたもそうでしょうが、私も講演のあと、感想文をいただきます。

「何事もやってみないとわからない、ということがわかりました」

「一歩、前に踏み出す、勇気が出ました」

「自分を信じて生きていきます」

といったことを書いてくれています。

私は講演で、どんな話をしているのかというと、たとえば、「庄屋の娘」という話をします。

大地主《おおじぬし》と、その畑を耕《たがや》している小作人《こさくにん》がいる。

小作人と大地主の娘さん〝庄屋の娘〟は、互《たが》いに好き合っているとします。
二人はいっしょになりたいのですが、
小作人は「結婚しましょう」とは言えません。
身分の差があるから「できない」と思い込んでいるのです。
読者のみなさんの中にも
「無理だ」と思っている方がいるかもしれません。
でも、思い出してほしいのです。

プロポーズを受けるか、受けないかを決めるのは誰ですか?
決めるのは〝庄屋の娘〟であって、小作人ではありませんよね。
「自分は小作人だから」は自分自身に対する言い訳です。
ということが、みなさん「わかる」でしょう?

そうしたら、**「わかる」と「かわる」**です。


たとえば、誰か好きな人がいて、その人とつきあいたい。

だとしたら、「つきあってください」と言えばいいのです。

「将来、この会社に入ってこういう仕事をしたい」

「あの会社と取引がしたい」

と、目指しているところ、夢に向かっていけばいいのです。

やりもしないうちから「どうせダメだ」って、
自分で勝手《かって》に決めちゃいけないのです。
決めるのは〝庄屋の娘〟なのだから。
「OK」と言うか、言わないかは、
相手が決めることであって、自分自身が判断することではないのです。

やってみないとわからないのです。

だから、**やってみること**です。

はじめる前に、あれこれ思うことは誰にだってあります。
みんな同じです。私もそうでした。

でも、一歩、足を踏み出してみると、
漠然《ばくぜん》と心配していたような〝こわいこと〟はない。
やってみないとわからない、ということです。

しかも、やってみたら、本当の意味で「わかる」んです。
そして、よいほうへ「かわる」んです。
自分が本当にやりたいことに向かっているとき、

出てくる〝壁《かべ》〟を乗り越えるのは、
小作人が〝庄屋の娘〟にアタックするよりも楽で、
充実感《じゅうじつかん》が半端《はんぱ》ではないことが「わかる」。

ウマくいかないときは自分に言い訳していないか、自分を見つめる

「私は中学しか出ていない」

「私は学校を出ていない」

「家が貧《まず》しかった」

「親がロクでもない親だった」

それを理由に、

「私はダメなんだ」

と、あなたは自分で勝手に決めつけていないでしょうか。

「だから、何をやってもダメなんだ」
と、人生をあきらめてしまっていませんか？

そのような状況で生きてきて、
実際つらく、たいへんだったに違いありません。

ウチも、私が子どものころ、
親父《おやじ》が母に暴力をふるっていました。
とくに飲んで帰ってきたときの親父の暴れようは半端《はんぱ》ではなく、
私たち子どもは押し入れの中に隠《かく》れて、
親父が力尽《ちからつ》きるのを、祈《いの》る思いで待っていたものです。

母は親父の暴力に耐《た》えられなくなると家を出て、
親父が落ちつくと家に戻って、また出たり入ったり。

だから私は子どものころから毎日、
米を研《と》いだり、みんなが食事をしたあとに茶碗《ちゃわん》を洗《あら》ったり、
洗《せん》たくをしたり、当たり前のようにしていました。
家の中には台所《だいどころ》がなく、洗たく機もなかったから、
私は外にある井戸《いど》で、毎日、米を研いだり、洗いものをして。
それぐらい、私の育った家は貧しかった。

そんな家庭環境で育ったからこそ私は、
「豊かになろう」と奮起《ふんき》することができたのです。
親父を反面教師《はんめんきょうし》にして生きてこられた。

家が貧乏《びんぼう》だった、親父がＤＶだった、
あなたも、ずいぶん、つらい経験があるでしょう。
でも、過去は過去。

これから先の人生に、さほど重要ではありません。
この先、生きていく人生は、
いま何を思い、何をするかによって変わっていくんです。

ところが、脳《のう》は自分をだます。

さほど重要ではない出来事をうまく根拠《こんきょ》にしたてあげ、
「だからダメなんだ」と自分をだまして、
勝手に〝自分の限界〟をつくってしまいます。

勝手に決めちゃいけないのです。

「学校を出ていないから」
「家庭がこんなだったから」

あなたにとっていちばん重要なのは、
私はどんな自分でいたいのか、ということです。
あなたがこれから先の人生を幸せで豊かに生きることです。
それ以上に大切なことは、他《ほか》にありません。

自分を信じてください。
自分には可能性がたくさんあると、わかればいいのです。

目の前の壁を乗り越える〝ちから〟

ポジティブに行こう。
ネガティブなことを考えてしまうことがあったとしても、
声に出すときは「いい言葉」に換《か》えよう。

これは、私がふだん心がけていることです。

なぜなら、面接のとき、営業をかけるとき、
交渉《こうしょう》しているときも、
人は相手の〝本気《ほんき》〟を見るからです。
こちらは〝本気〟を見せないといけないのです。

そのためには行動計画をつくって、
いつまでに何をして、というのを決めて、
自分の思いが相手に伝わるように
ビジネススキーム、計画をつくることも、もちろん大事。
でも、それ以上に大切なことがあります。

それは、**自分を信じること**です。

自分を信じる、とはどういうことか、ご存《ぞん》じですか？
自分を信じるとは「習慣《しゅうかん》」です。
私は二七歳のときに起業してから、
三〇年以上ずっと続けてきた習慣があります。
朝晩、歯を磨《みが》くとき、心の中でこの言葉を唱《とな》えるのです。

「オレはできる」

この言葉を何回も唱えます。

自分自身に言い聞かせているのです。

オレはできるんだ、と。

なぜなら、自分が超《ちょう》ビビりだ、ということを

私は自覚《じかく》しているからです。

講演の前日、私はめちゃくちゃ緊張《きんちょう》します。

それでも「オレはできるんだ」と、自分に言い聞かせながら、

壇上《だんじょう》に立ったときには〝思い〟を熱く語《かた》っている自分がいます。

今まで私の目の前に何度も何度も壁《かべ》が立ちはだかりました。

めげてしまったことなんて、数限《かずかぎ》りなくある。

その都度《つど》、めげた自分に向かって、私は言ってきたんです。

「いや、オレはできるんだ」と。

自分の限界《げんかい》を超える自信、
目の前の壁を乗り越える勇気、
それらは自然とわきあがってくるものではありません。

だから言うんです。
「オレはできる」と。

また、やんちゃをしていた二〇代、三〇代の人、
服役して出てきた人たちにも、私はよく言います。

「キミはできる」と。

彼らは〝自分の限界〟を勝手《かって》に決めているんです。
自分はこんな環境《かんきょう》で育ったからダメだと、
自分で勝手に決めつけていて、こう言います。
「高山さんだから、できたんだ。
オレは高山さんと違うから」
でも、私はあきらめない。
彼らに言うんです。
「可能性はたくさんある、勝手に決めるな。
やってみないとわからないだろう」と。

「人間はすごい、キミもすごい」と。

やがて、彼らの目が輝《かがや》いてきて「やってみます」と。

そして実際やると、職場での評価があがって、
正社員になる。職場の責任者になる。
どんどん、よくなっていく。
だから私はこの身《み》、果《は》てるまで言い続けたい。
「キミはできるんだよ」と。

真の「豊かさ」とは

この世の中に、特別な人間なんて、いやしない。
特別ではない人間に、すごい可能性があるのです。
あなたの可能性も、もっとたくさんあります。
常にそうなのです。

人が勝手に〝自分の限界〟をつくってしまうのは、
人間の可能性は本来、豊かである、
ということを誰からも教わっていないからです。

「可能性の豊かさ」とはどういうことかというと、
AからBになり、その結果Cになる、

脳はそうやって、「A」「B」「C」を関連《かんれん》づけるけれど、
Dという結果が出ることもある。
Eという結果が出ることもある。
関連なんてものは脳がつくりだすものであって、
元からそんな関連なんてものは、実際にはない。
そう思ったほうがいいのです。

たとえば、ずっとまじめに生きてきて、ある日、
思いがけず犯罪を犯《おか》してしまった、という人がいます。
相手に危害《きがい》を与えるつもりは少しもなかったのに、
殺してしまって、気がつくと刑務所にいた。
でも出所すると、みんな十把《じっぱ》ひとからげ、
「殺人者」というレッテルを貼《は》られて、
生きづらい世間《せけん》を生きていく。

だから、自分自身の氏素性《うじすじょう》を隠《かく》して、
就職活動をしたり、隠したまま働いたり、
生きづらいけれど、「そういうものだから」と。

でも、服役経験《ふくえきけいけん》をオープンにして働く、
という選択肢《せんたくし》もあるのです。

以前、日本財団の「職親《しょくしん》プロジェクト」に業務委託《ぎょうむいたく》で携《たずさ》わっていました。
刑務所出所者や少年院出院者の社会復帰を応援し、
再び罪を犯すことを防ぐため、企業や民間団体と連携《れんけい》し
就労《しゅうろう》の機会や教育を提供するというプロジェクトです。
そこではみんなに、職場に「服役したことがある」ということを
オープンにしよう、と勧《すす》めています。
なぜなら、職場で頭角《とうかく》を現《あらわ》し、上司《じょうし》から、

「正社員《せいしゃいん》として採用《さいよう》しましょう」

と言われるようになったとき、
信用調査《しんようちょうさ》で「服役経験あり」ということがわかると、

「正社員の話はなかったことに……」

という事態《じたい》が起こる可能性があるからです。


その職場で働きはじめる時点でオープンにしておけば受け入れる側《がわ》は安心するし、本人も隠さなくていい。あとで第三者から職場に情報が伝えられたときに、職場にいづらくなる、ということもない。


私自身、出所後に事業を立ち上げるにあたっては、服役経験者であることをオープンにしています。

そして、「再犯のない社会を実現するために私たちの、この事業が有効《ゆうこう》なんです」
「安全、安心な社会をつくりたいんです」
と自分たちの〝思い〟を語りました。

また私は服役経験者の方にもこう言ってきました。
「自分は過去こういう事情で服役しました、
ということを自分で言える人間になろう」と。

私は、彼らが自分で言える人間になるために、
社会の一員としての自覚《じかく》を持って自分を律《りっ》していくことや、
〝自分の目標〟を自分で決めて
「いついつまでに、これをする」と
計画のつくりかたを教えたりしました。

すると、彼らはだんだんと自分の可能性に気づいて
自分がつくった限界を乗り越えられるようになっていきます。
出所後、就職した工場で認められ、責任者に抜擢《ばってき》された、
元ヤクザの人もいました。

彼らは特別な人間ではありません。
罪を犯し、人をキズつけた過去を背負《せお》い、
それでも〝自分の限界〟を乗り越えようと努力した。

あなたも気づいてください。
あなたには、あなたの可能性が、たくさんあります。
そのことを、わかってください。

あなたは、あなた自身を拓《ひら》いていけるのです。

第5章

思いひとつで

流れは変わる

壁を乗り越えられる人、乗り越えられない人の違い

事業をしている方が、つい、
「不況《ふきょう》でね……」
という言葉を口にすることがあります。
私も二七歳で起業して、
それから二〇年以上、事業をやっていますが、
世間が不況だから、そのせいで、
こちらの事業がうまくいかなくなった、
ということはありませんでした。

つまり、**「自分次第《しだい》だ」**と言いたいのです。

再犯《さいはん》のない社会の実現を目指す事業の立ち上げのとき、
「就労支援はスクラップの仕事をします」
「資本金は一億です」と言って、
出資の協力をお願いして回っていた私に、
「高山さん、たいへんですね。
スクラップなんて、こんな不況な業界はありませんよ」
と言って、笑った人たちがいました。
私は内心《ないしん》、「やってみないと、わからないでしょう」と思いつつ、
「ありがとうございました」と、
明るく挨拶《あいさつ》をして、次に行く。

それができたのは、**私が自分で決めたから**です。

難しくはありません。

事業計画書を自分でつくって、

「いつまでに、これをする」

ということを決めれば、
前に進むようになっています。

難しいのは、オレはできる、と思えるかどうか。
私の場合は、「できる」と思ったんです。
「できる」というよりも、
この事業は、みんなを幸せにすると信じていました。
そして、この仕事にかける〝自分の思い〟を相手に伝えた。
私には〝情熱《じょうねつ》〟しかありませんでした。

昔から、そうでした。

たとえば、私は〝ＩＴ長者《ちょうじゃ》〟を夢見ていました。
韓国《かんこく》のＩＴ技術者と会って話を聞きたくて、私は韓国に渡りました。
韓国語ができない私は、宿泊《しゅくはく》先のホテルのビジネスカウンターで、
日本語の通訳《つうやく》を頼《たの》んだのですが、予算をはるかに超える値段。
でも、こんなことで落ち込んでいるヒマは、自分にはない。
私はそう思いました。
なぜなら、先方とは「明日、会いましょう」と約束していたからです。
私は街に出て、通訳ができる人を探しました。
突然、お店に入って
「ここに日本語ができる人はいませんか？」
一軒《いっけん》一軒、聞いて回りました。
六時間歩き回っても見つからず、
あきらめてホテルに帰ろうとしたときです。
立ち寄った雑貨屋《ざっかや》さんで、気が抜けていたのか日本語で

「たばこをください」と言っていました。すると、

「どの銘柄《めいがら》ですか？」

と流暢《りゅうちょう》な日本語で聞かれたのです。

「日本語、話せるの？」とたずねると、

「私、日本語できます」

と言ってくれ、天にものぼりたいほどの気持ちになりました。

その人は、どこの馬の骨とも知らない私を信じてくれて、
こちらの言い値で、通訳を引き受けてくれました。


他に、スマートにいける方法があるのかもしれません。

私もできることならそうしたい。

愚直《ぐちょく》なまでに泥《どろ》くさく、でいいのか、どうか。

自分にも他人《ひと》にも正直《しょうじき》にしか生きられない私はどうなのか……。

でも、そこに惹《ひ》かれる人もいる、と思うのです。

私は思うのです。
営業でも交渉《こうしょう》ごとでも、
最後にかたい握手《あくしゅ》を交《か》わせるかどうかは
最終的に、人間くさい部分なのではないか、と。
私の経験で言うと、
私は自分の経験を語り、その事業にかける〝思い〟を語り、
そして、出資金《しゅっしきん》五〇〇〇万円が集まりました。

何度も言いますが、
出資金集めは〝庄屋《しょうや》の娘〟にアタックするのと同じです。

まずは自分から、そこへ行ってみる。

「ウチに出資してください」

お金を出すかどうかは、相手が決めることです。

そしてもう一つ。
断《ことわ》られたときは、このことを思い出してください。
〝庄屋の娘〟は他にも、いろんなところにいる。
断られたからといって、落ち込む必要はない。
だから私は、相手に思いが伝わらなくても、
「ありがとうございました」と笑顔《えがお》で挨拶《あいさつ》して、
すぐ次、また次と、行くことができました。
足踏《あしぶ》みしている時間がなかったのです。

自分が向かっていく〝道〟が見えてきたら、
焦《あせ》ってはいけない、が、しかし、不必要におそれて、
足踏みしたまま、しゃがんだままでいるのもよくありません。
一歩一歩、前に行かなくてはいけない。

それは難しいことではないのです。

私は「こうなりたい」という、自分のヴィジョンがあって、
そこに向かっているだけでした。
そこに向かうこと、それ自体が楽しかったんです。
それは、私にとって新たな生きがいでした。
だから、私は前に進むことができ、
たくさんの方が賛同《さんどう》してくれて事業が成功した。

そう、世の中はシンプルなんです。

「難しい」と信じ込んでいるあなたの目に、
難しい出来事が起こっている景色《けしき》が映っている、
ただそれだけなのです。

自分と異《こと》なる意見を否定《ひてい》しない

会社勤《づと》めをしていると、
自分の意《い》に沿《そ》わないことでも、やらねばならない
という状況が出てくることもあるでしょう。

職場には、上司や同僚《どうりょう》、部下、いろんな人がいます。
生《お》い立ちも価値観《かちかん》も異なる人間が集まって、
お客さまのためになって
社会全体のためになる事業をやって
利益《りえき》を出し続けることに挑戦《ちょうせん》する。
それが会社というものだから、
上から言われたことは、ともかく「やるんだ」と。

組織《そしき》の一員として、そうすべきだ、と。
頭ではわかっているのだけれども、
「果《は》たして、これで本当にいいんだろうか」
という思いが消えない。

「そんなときはどうしたらいいですか？」と、
アドバイスを求められることがあります。

そんなとき、私がよく言うことは、
「会社の方針《ほうしん》あるいは上司の意見と、
自分の考えが違うのは、なぜなんだろうか」
ということを、まず考えてごらん、と。

つまり、会社の方針や上司の意見を頭ごなしに否定しない。

いったんは「わかりました」と受け入れるんです。
それは「上に言われたからあきらめる」ということではありません。
そのことについて意見を言える自分になるんです。

会社の方針や上司の意見に対して、
いきなり「いや、違う」と反論《はんろん》するのではなくて
そのことについて向き合って、裏を取る。
自分が納得《なっとく》できるまで、
「ここが違う」という確証《かくしょう》が得られるまで、
自分で調べるんです。
それをすることが自分の評価を得ることにつながります。
そして自分が変わると、周りも自《おの》ずと変わります。
あなたの意見を求めてくるのです。

人の口に戸《と》はたてられない

やったことがないことに挑戦するとき、
未知《みち》の分野に入り込んでいくとき、
周りからいろんな声が聞こえてきます。
思い描《えが》いたヴィジョンが大きければ大きいほど、
逆風《ぎゃくふう》が強いと感じるでしょう。

でも、人の口に戸はたてられない。
他人《たにん》はこちらの事情を知らないから、いろいろ言うのです。
それを、こちらが必死《ひっし》にとめようとしても、
とめられるものではない。

私も、逆風を経験しました。

再犯《さいはん》のない社会の実現を目指す事業を立ち上げる準備に奔走《ほんそう》していたころのことです。

事業計画書を見せながら、

「地元《じもと》の大手七社とアライアンスを組みます」

と私が言ったとき、みんなに笑われました。

中小企業の社長さんたちには、こう言われました。

「オレたちでさえ、大手の社長と会ったことがないのに、二年後に契約《けいやく》だって？　ウソだろう」って。


自分のことを言われるのは、まだ平気《へいき》でした。

耐《た》えがたかったのは、同行していた保護司《ほごし》の先生が、

「詐欺《さぎ》みたいなことはしないでください」

と、言われたときでした。

服役経験者《ふくえきけいけんしゃ》の自分といっしょになって、
出資のお願いをして回っている、というだけで、
先生が「おかしいのではないか」と言われたこと、
それに対して、私は出資をお願いする立場上、
一言《ひとこと》も言い返すことができなかった。
ふがいない自分に腹《はら》が立ちました。
先生に対して申し訳ない気持ちでいっぱいでした。

そして、先生をキズつける心ない言葉に、
「ゆるせない」思いがこみあげてくるのを
私は抑《おさ》えることができませんでした。

そのとき、先生から教わったのが、

「唾面自乾《だめんじかん》」

という、中国の言葉でした。

たとえ顔に唾《つば》を吐《は》きかけられても拭《ふ》かないで自然に乾《かわ》くまで待て、という意味の言葉です。

要するに、相手を批判《ひはん》するな、ということです。

私は最初、悔《くや》しくて泣いて、

「じゃあ、やって見せるしかない」と思いました。

実際、私にできることは、それしかありませんでした。

自分が思い描いたヴィジョン、ビジネスプランが社会の役に立つということを証明することしか、私がやれることはなかったのです。

そう思って、実際やったらば、事業は成功しました。
私たちの取り組みがテレビで紹介されたり、
新聞に載《の》るようになりました。

あのとき、世の中、そんなに甘くはないと
あざ笑った人たちが、掌《てのひら》を反《かえ》すようにして言いました。
「髙山さんなら、できると思っていました」

そのとき、私はわかったのです。
「唾面自乾《だめんじかん》」は正解だった、と。

夢のかなえ方、目標達成《たっせい》のコツ

「どうしたら、高山さんのように、自分の思いをかなえることができますか？」

ということを、よく聞かれます。

私は自分で決めたことをやっているだけです。

「いつまでに」
「何を」
「どうする」

と、決めたことを、その通りにやっているだけです。

私は特別な人間ではありません。

思いがかなわないのは決め方を知らないだけなんです。

たとえば、「なりたい自分」がいます。
もしくは「自分の夢」がある、
「自分の目標」がある。
そこに到達《とうたつ》するためには、どうしたらいいのか。
うまくいかない人は「下（現状《げんじょう》）」からあがって
「上（なりたい自分・夢・目標）」に達すると思っている。
うまくいく人は、その逆です。
「上」から「下」におろすんです。

まず「なりたい自分」になりたい、
「自分の夢」「自分の目標」をかなえたい、
そう思ってください。

そして、その思いが現実になったと想像《そうぞう》してください。
想像するには、「ここまで行くんだ！」という思いが必要です。
だから、思ってください。
そして、思いがかなった自分をイメージしてください。

成功者になりたいなら、
成功者になった自分をイメージするんです。
一流《いちりゅう》になりたいのだとしたら、
一流になった自分を想像するのです。
そして考える。
実際にそうなるためには、
自分はどういう人間になっていないといけないのか。
一流になりたいのなら、
どういう人が周《まわ》りにいないといけないのか。

その人と出会うためには、どうしたらいいのか？

私は、そういうふうに考えて、
自分の思いをかなえるための行動計画を立て、
実行するようにしています。

たとえば、再犯《さいはん》のない社会を実現するために、
スクラップ業をやろうとしたとき、
私は大手企業に仕事（産業《さんぎょう》 廃棄物《はいきぶつ》）を出してもらおう、
アライアンスを組もうと考えました。
でも、私も、保護司《ほごし》の先生も、大手の人とは面識《めんしき》がありません。
そこで私は、また考えたのです。
では、大手とつきあうには、どうしたらいいんだろう？
コンタクトできる人がいないだろうか？

そうしたら、いらっしゃいました。
ヒューマンハーバーのアドバイザー、
九州大学の岡田教授でした。
岡田教授は、私がアライアンスを組みたいと思っていた
大手企業に以前勤めていました。
そこで「大手企業で、ここと、ここと、ここと、
アライアンスを組みたいんです」と言って、
各社に連絡《れんらく》をつけてもらうよう協力を要請《ようせい》しました。
岡田教授が引き受けてくれたおかげで、
大手とアライアンスを組むことができました。

スクラップ業をするには広大《こうだい》な土地も必要です。
そんな土地を、私たちは持っていませんでした。

けれど、岡田教授のおかげで、
ある大手企業が一二〇〇坪《つぼ》の土地を貸してくださり、
スクラップ業ができる環境《かんきょう》も整《ととの》った。

だから、計画は大事です。
事業の狙《ねら》いと目的、
その事業を通じて何を実現したいのかなどを決めて、
そこに行くためには
「いつまでに」
「何を」
「どうする」のかを
ちゃんと決めることが大切ですよ、
ということを、私は言ってきた。

ところで、みなさん、ここまで読んできて、
何か、気づいたことはありませんか？

答えを言いましょう。
私が自分一人の力で成し遂《と》げてきたことは、一つもない。
何をするにしても**他人《ひと》の力**を借りました。

では、人が「この人に力を貸《か》したい」と思うような人、
というのは、どんな人でしょう。

それは、**自分を信じている人**である、
と、私は思うのです。

エピローグ

人生、大逆転《ぎゃくてん》を起こすために

失敗が教えてくれたこと

若い人たちや、起業《きぎょう》を志《こころざ》す人、起業して間《ま》もない人に、私はよく「人生五訓《じんせいごくん》」の話をします。

「人生五訓」とは、

一. 焦《あせ》らない

ものごとをじっくり考えること

二. 鵜呑《うの》みにしない

いい話を聞いても、すぐには信じないこと

三．なぜという心で

否定せず、受け入れながらも、まずは疑うこと

四．確証《かくしょう》を得《え》る

話の内容は必ず自分で調べる

もちろん、関連する法律についても調べること

五．バランスを保《たも》つ

仮にお金を持てるようになっても驕《おご》らず、威張《いば》らず、

謙虚《けんきょ》に、感謝の気持ちを忘れず、

人の役に立つような生き方をすること

この「人生五訓」は、

逮捕《たいほ》され、取り調べを受ける中で、

自分の何がいけなくて、

どこが悪かったのかを反省する中から出てきた言葉と思いです。
それを「人生五訓」としてまとめ、
人生がうまくいくための心がけであると同時に、
事業を立ち上げる際の心がけとしています。

出所後、事業を立ち上げるときは、
この「人生五訓」を実践しました。
特に最初の立ち上げのときには、
私の中では準備に相当《そうとう》時間をかけました。
当初は一年六か月で準備しようとしていたところ、
設立三か月前に体調を崩して二週間入院したこともあり、
結果的に一年九か月かかって、
段取《だんど》りをしました。

「戦わずして勝つ」という言葉があります。
中国に古くから伝わる、最強の兵法《ひょうほう》『孫子《そんし》』にある考え方です。
戦えば、たとえ勝ったとしても自分にもダメージがある。
だから、戦わずして勝つことがいちばん理想的なのです。

ただし、戦わずに勝つ、といっても、
何もせず、ボーっとして敵《てき》に勝つことはありません。
しかるべき準備が必要なのです。
昔から「段取り八分《はちぶ》」と言われます。
しっかり下準備をしておけば、
課題《かだい》の八割がたは解決したも同然《どうぜん》。
行動は、残りの二割だけでいいのです。

だから私は、焦《あせ》らず、

鵜呑《うの》みにせず、
なぜという心で、確証《かくしょう》を得《え》て、
バランスを保《たも》つよう、準備を進めました。
その結果、事業は成功したのです。

逆を言うと、
過去、私が出資法違反《しゅっしほういはん》で逮捕《たいほ》され、服役《ふくえき》したのは、
「ＩＴ長者《ちょうじゃ》」たちの成功をうらやましがり、
焦《あせ》って、人づてに聞いた〝いい話〟を鵜呑みにして
なぜという心をもって確証を得ようとしなかったからです。
ちょっと成功したぐらいで驕《おご》り、
自分を支えてくれている人に対する
感謝の気持ちを忘れていたからなのです。

自分だけしか信じない人生より、人を信じる人生が最高

ものごとには必ず「原因《げんいん》」があります。
「原因」があって、
その「結果」、それが起きている。

何でもそうです。
自分を信じていないから、信じてもらえないのです。
わが身をふりかえって考えればわかります。
うまくいくかどうか自信がない、
そんな事業に、あなたはお金を出しますか？

だから、自分を信じることです。
ただ、私はこうも思うのです。
自分しか信じる人がいないのは苦しい、と。
私は一時期、自分しか信じられなくて苦しみました。
そのころから、私のことを
見守ってくれていた人はこう言います。
「笑った顔を見たことがなかった」
だから、自分を信じる、というより、
自分も含め、
人を信じるんです。

どんなにＩＴ化が進み、
ＡＩ（人工知能《じんこうちのう》）が社会に普及《ふきゅう》したとしても、
人と人の間で、この社会が成り立つのです。
人と人の間で、文化《ぶんか》文明《ぶんめい》が生まれ発達《はったつ》していきます。
人と人の間で、命が生まれ、育《はぐく》まれていくのです。
だから、人は大切にしないといけない。
自分も大切だけれど、相手も大切に。

「人のため」に何かをしよう、と。
「人のため」に努力をして、汗《あせ》をかく。
そういったことは、
人を信じることができなければできません。
だから、人を信じることです。

過去、私は、人の言葉を鵜呑《うの》みにして失敗しました。
でも、だからといって、
人を信じることに臆病《おくびょう》にはならない。

だまされたのは、私が勉強不足だったからです。
自分に原因があって起きたことなんです。
自分に原因がある、とは、自分はダメな人間なんだ、
ということではありません。
自分に原因がある、というのは、
人を恨《うら》んじゃいけませんよ、ということです。
縁《えん》ある人のことを否定《ひてい》してはいけないのです。
それよりも、自分をあらためて、また、やり直すんです。
いまから、どこからでも、やり直せるんです。

私が自分しか信じられなくなっていたとき、
すべてが、うまくいかなかった。
笑ったことがなかった。
そんな私でも、変われたのです。

今、私は人を信じて生きています。
私の周りには楽しい人たちが集まってきて、
明るい笑いが絶《た》えることはありません。
毎日が幸せです。
これが本当の豊かさなのだろうと思います。

そのことに気づいたからこそ、
私は〝人間の可能性〟というものを
信じることができるのかもしれません。

当たり前のことを当たり前にやり続けられるか

自分の半生《はんせい》をふりかえると、
ありがたいことに私は
いろんな人に助けられ、
支《ささ》えられて今日まで生きてこられました。
これは謙虚《けんきょ》でも謙遜《けんそん》でもありません。
実際にそうなのです。

その一方で、私は思うのです。
人生は自分で切り拓《ひら》くものだと。

どんな自分になりたいか、何をしたいか、
自分のヴィジョンを思い描くのは自分です。

そして、目指す場所まで行きたい、
本気で行こうとしている、ということは、
自分が行動で示していかないと
周りの人は誰も本気と受け取ってくれません。
本気でないものに他人《ひと》は力を貸してくれない。

だから、まずは自分が一歩を踏《ふ》み出す、やってみる。
最初はおそらく勇気がいるでしょう。
だから、自分を信じるんです。
自分で自分に言ってみてください。
「自分はできるんだ」って。
「私は天才なんだ」って。

成功者と呼ばれる人は

前向きで、自分に自信を持っている、
と言われるのは、
努力のたまものなんだ、と言いたいのです。
「オレはできる」と自分に言い聞かせて、
計画もちゃんと立てたうえで打って出る。
成功者はみんな、そういう努力をしているんです。

ただ、本人が〝その努力〟を見せないか、
本人は見せているのに、
周りが〝その努力〟に気づかないか。

だから、本当に特別な人はいないのです。
当たり前のことを、
当たり前にやれるか、どうか。

私の場合、人生は自分で切り拓くしかなかった。
刑務所を出たときに私が持っていたものは
一万数千円の現金と
「一七〇一日、獄中《ごくちゅう》生活を送った」経験でした。
肩書《かたがき》も、財産も、実績も、信用も
なくなってしまったのですから。
何もなかったから、自分で切り拓くしかない。
幸せにしなきゃいけない人もいたから、
後ろばかり見ていることはできない。
前に進まないといけなかった。

だから、私は特別な人間ではないのです。
逮捕されたとき、刑務所に入ったときも、

自分に起こる出来事に偶然《ぐうぜん》はない、
とは最初、思えませんでした。
ものごとはポジティブにとらえましょうと言いますが、
刑務所の中にいる自分を
ポジティブにとらえることはできませんでした。
先が見えない、何をどうしていいのか、
わからなくなってしまったこともあった。

それでも、私が自暴自棄《じぼうじき》にならなかったのは、
私が強かったから、ではありません。
わが命、わがはからいにあらずと気づいたからです。
人智《じんち》を超えた存在に生かされている。
何かの必要があって私は生かされている。

だとしたら、自分の命の使い道は何だろうか。

自分の命の使い道とは、
人が幸せになることに自分を役立てること、
なのかもしれません。
なぜなら、「人のため」に自分を役立てようとした、
そのときに、力がわいてくるのを、私は感じました。
自分の実力以上の成果が出て道が拓いたのです。

人はみな、このような素晴《すば》らしい
可能性を持っています。
私も持っています。
あなたもです。
特別な人はいない。

けれど、みんな天才なんです。
自分を信じて、人を信じてください。
あなたなら、きっとできる。
私はあなたを信じます。

〈了〉

著者プロフィール

高山　敦　たかやま　あつし

高校卒業後、税理士事務所に勤務した後、27 歳で起業。

ＩTバブルを見て「自分も億万長者に!」とIT関連事業に進出するために資金を集めようとはじめた事業で詐欺に加担。
4 年 7 か月の刑務所生活を送る。刑務所で人生を見直し、社会のためになることをやろうと決意する。
出所後、保護司とともに受刑者の社会復帰を目的とした会社を立ち上げた後、現在は、独立して元受刑者の就労支援や自身の体験をもとにした講演活動などを行っている。

前科者経営者
どん底からの逆転人生

2018年9月2日　第1刷発行

著　　者　　高山 敦
発 行 者　　長坂嘉昭
発 行 所　　株式会社プレジデント社
〒102-8641　東京都千代田区平河町 2-16-1
平河町森タワー13階
http://www.president.co.jp/
電話：編集(03)3237-3732　販売(03)3237-3731
販　　売　　高橋 徹　川井田美景　森田 巌　末吉秀樹
編　　集　　桂木栄一
編集協力　　道井さゆり　有限会社メディア・サーカス
装　　丁　　秦 浩司（hatagram）
制　　作　　関 結香

印刷・製本　　図書印刷株式会社

ISBN978-4-8334-2291-8
Printed in Japan